AF389061

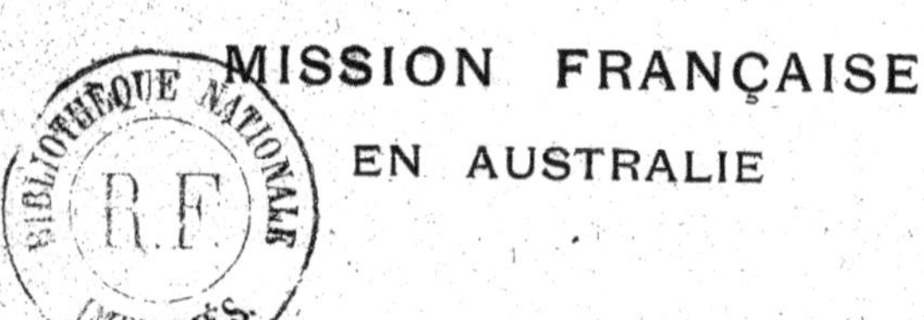

MISSION FRANÇAISE
EN AUSTRALIE

De la part du chef et des membres de
la Mission française en Australie et en
Nouvelle-Zélande.

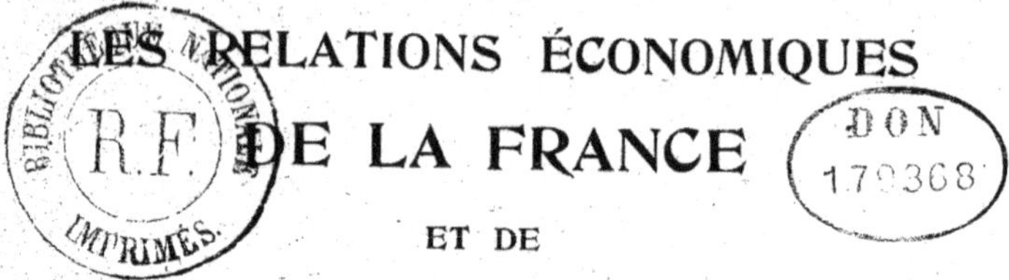

LES RELATIONS ÉCONOMIQUES

DE LA FRANCE

ET DE

L'AUSTRALIE

1919

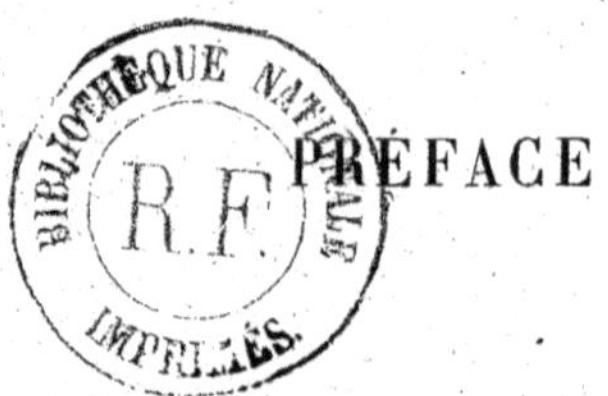

PRÉFACE

Les pages qui suivent sont l'œuvre de la Mission française en Australie.

Comme on le sait, cette Mission n'était pas le résultat d'une initiative du Gouvernement français, mais la suite d'une invitation du Gouvernement australien, à laquelle s'associa également le Gouvernement néo-zélandais. Dans la pensée de nos fidèles alliés, l'envoi d'une mission devait contribuer puissamment, non seulement à resserrer encore une amitié déjà vive et sincère, mais à préparer, sur le terrain commercial, intellectuel et social, des relations d'après-guerre fécondes et profitables de part et d'autre. Le Gouvernement français accepta cordialement la suggestion, et le programme ci-dessus fut effectivement celui de la Mission.

Sa première tâche fut de remercier l'Australie pour le magnifique concours militaire donné par ses enfants pendant la guerre. Elle s'attacha en même temps à parler de la France à nos amis des Antipodes, non peut-être pour la faire plus aimer (après la Marne, après Verdun, c'était inutile), mais pour la faire mieux connaître. Elle profita enfin de sa présence dans ce magnifique pays, dont on lui faisait les honneurs avec une hospitalité charmante, pour étudier ses ressources, les débouchés qu'il pouvait offrir à notre exportation, pour préparer en un mot, comme nous le disions plus haut, des relations commerciales plus intimes que par le passé.

Dans cette brochure, qui s'adresse dans notre pensée à tous les amis français de l'Australie et à tous les amis australiens de la France, nous nous sommes volontairement bornés à traiter la question des relations commerciales entre les deux pays, en nous plaçant surtout au point de vue de nos exportateurs français. Si nous avons abordé d'autres questions, qui ne sont pas à proprement parler des questions économiques, ce n'est que dans la mesure où la chose était nécessaire pour éclairer l'aspect commercial de notre sujet.

Constituée d'abord sous la direction de M. Albert Métin, député, ancien ministre, qui avait été l'âme de son organisation, la Mission a quitté la France le 25 juillet 1918. Le 15 août, à San Francisco, alors qu'elle était à la veille de s'embarquer pour Sydney, une mort subite et tragique frappait M. Métin, dans l'accomplissement même de la tâche patriotique qu'il avait si joyeusement acceptée. La France a perdu en lui un serviteur fidèle, un noble caractère et une grande capacité. Ce fut alors, par câble, que le Gouvernement français chargea le signataire de ces lignes, qui déjà faisait partie de la Mission, d'en prendre la tête : en soldat discipliné, conscient que c'était son devoir de répondre à l'appel que lui adressait son pays, il accepta... et la Mission continua son voyage[1], après avoir chargé l'un de ses membres, M. Thomsen, d'escorter en Europe le corps de M. Métin.

---

1. La Mission française en Australie était ainsi composée : le général Pau, chef de la Mission ; M. André Siegfried, secrétaire général ; le commandant d'André, aide de camp du général Pau ; MM. Thomsen, chargé spécialement des questions ouvrières ; Henri Corbière, spécialiste agricole ; Meadows Smith, consul britannique honoraire, spécialement délégué par les gouvernements britannique et australien pour accompagner la Mission ; Louis Leclercq, spécialiste pour la laine ; Marcel Mathieu et George Bader, représentant plus particulièrement le commerce d'exportation. Par la suite, M. Thomsen, accompagné de M. Hodée, tous deux chargés d'étudier plus spécialement les questions du travail, prirent à leur tour le chemin de l'Australie, après que M. Thomsen eut accompagné, au nom de la Mission, M. Métin jusqu'à sa dernière demeure ; ils n'arrivèrent toutefois, par suite de divers contretemps, en Australie qu'après que la Mission en était déjà partie.

Ce que fut ce voyage, nous n'avons pas à le dire ici en détail. Qu'il nous suffise de mentionner l'accueil merveilleux que la Mission reçut de nos amis australiens. Débarquée à Sydney le 11 septembre 1918, elle quitta définitivement le continent australien le 21 décembre suivant, après avoir visité tous les États de la Commonwealth. Elle rentre en France profondément reconnaissante, soit pour elle-même, soit pour la France, de la réception qui lui a été faite, et elle tient à dire que cette reconnaissance est gravée à jamais dans le cœur de chacun de ses membres. Son vœu est maintenant que l'établissement de rapports, surtout de rapports commerciaux plus étroits, soit le résultat ou l'un des résultats de sa visite. C'est dans ce but qu'elle a cru devoir écrire cette brochure. Si ses efforts ont pu contribuer à servir l'amitié franco-australienne, elle s'en estimera largement récompensée.

Général PAU.

LES RELATIONS ÉCONOMIQUES

DE

LA FRANCE ET DE L'AUSTRALIE

INTRODUCTION

CHAPITRE I

DIVERSES REMARQUES PRÉLIMINAIRES
AU POINT DE VUE
GÉOGRAPHIQUE, POLITIQUE ET SOCIAL

Une description complète de l'Australie, au point de vue géographique, politique et social, ne saurait entrer dans le cadre forcément restreint d'une simple brochure comme celle-ci. Nous nous attachons principalement à étudier les relations économiques de la France et de l'Australie. Mais, dans ce but même, quelques remarques préliminaires s'imposent, soit sur les conditions de son peuplement, soit sur son régime politique, soit sur l'esprit de sa législation sociale et les conditions où s'y développe la vie matérielle. Nous leur conserverons à dessein le caractère de notes brèves, ou même d'impressions, données en quelque sorte pour mémoire.

I. — SUPERFICIE ET PEUPLEMENT.

L'Australie, avec la Tasmanie, a une superficie de 7 695 000 kilomètres carrés, égale environ aux trois quarts de l'Europe : elle constitue donc un véritable continent, ayant une complète unité de territoire puisqu'il est entièrement entouré par la mer. Environ 53 pour 100 de cette surface sont dans la zone tropicale, 47 pour 100 dans la zone tempérée. Dans toute la partie Sud, Sud-Est, Sud-Ouest, la population australienne retrouve des conditions de latitude, de climat et de cultures qui rappellent l'Europe méridionale ou l'Afrique septentrionale. A tous ces égards, et comme atmosphère, comme couleur de ciel, l'Australie rappelle beaucoup notre Algérie.

La population de l'Australie, qui était encore en 1850 de 405 000 habitants, a atteint en 1917 4 935 000 habitants : le premier million a été atteint en 1858, le second en 1877, le troisième en 1899, le quatrième en 1905, le cinquième est sur le point de l'être, s'il ne l'est déjà. La densité moyenne de la population est de 1.69 habitant par mille carré, contre 123.41 pour l'Europe, 52.92 pour l'Asie, 16.38 pour l'Amérique septentrionale et centrale : mais ce chiffre est de nature à donner une impression trompeuse, car le centre du continent contient d'immenses espaces encore vides, cependant que la population se concentre principalement sur les côtes du Sud-Est et la région en bordure de ces côtes. Nous devons cependant signaler une caractéristique particulière de la répartition de la population en Australie, à savoir la forte proportion de la population urbaine ; les six grandes villes australiennes (Sydney, Melbourne, Adélaïde, Brisbane, Hobart, Perth) ont à elles seules 2 054 713 habitants, c'est-à-dire 41.63 pour 100 de la population totale. Sydney avec ses 777 000 habitants, Melbourne avec ses 708 000 habitants contiennent chacune plus de la moitié de la population des États dont elles sont les capitales. Dans un pays qui vit surtout de l'agriculture il y a là un développement en quelque sorte paradoxal, dont il ne faut sans doute pas s'exagérer la gravité (car presque tous les nouveaux pays anglo-saxons en sont là), mais dont les hommes d'État australiens se sont fréquemment préoccupés.

Au point de vue du développement du peuplement austra-

lien, l'accroissement de la population, de 1861 à 1917 — c'est-
à-dire en 57 ans, — a été de 750 025 personnes par immigration, et de 3 039 701 par excédent de naissances. L'Australie
doit donc les quatre cinquièmes de son peuplement à sa nata-
lité, qui reste relativement élevée (26.51 pour 1000 en 1917).
Il reste cependant évident que si l'Australie veut contenir un
jour une population vraiment abondante, elle ne l'obtiendra
que de l'immigration. Ajoutons ici — l'observation est essentielle — que la Confédération australienne entend fermement
rester ce qu'elle est aujourd'hui, une nation de race blanche,
à l'exclusion si possible complète de tous les éléments exo-
tiques, jaunes, malais, indiens ou polynésiens. Quant aux
aborigènes australiens de race noire, ils sont pratiquement
inexistants.

II. — Le régime politique.

La Confédération australienne (Commonwealth of Australia), constituée en 1901 par l'entente des divers États australiens antérieurement existants, comprend les six États de
Nouvelle-Galles du Sud, de Victoria, de Queensland, de Sud
Australie, de Tasmanie, d'Australie occidentale, et enfin le
Territoire du Nord (Northern Territory), qui est directement
administré par la Confédération.

Les États, fort jaloux de leur autonomie et dont chacun a
conservé une très vive individualité, ont tenu à maintenir,
malgré leur entrée dans la fédération, l'essentiel de leurs anciens pouvoirs en matière de législation, d'administration, de
travaux publics, de mise en valeur du sol. Ils continuent de
posséder chacun leur parlement, leur ministère, responsable,
leur administration, et l'Angleterre leur envoie directement
des gouverneurs, qui représentent la couronne britannique et
jouent en quelque sorte le rôle de chefs d'État irresponsables,
à la façon des souverains constitutionnels ou des présidents
de républiques. Quant à la Confédération, elle s'est vu attri-
buer les pouvoirs fédéraux proprement dits : douanes, affaires

extérieures, armée et marine, immigration, etc. A sa tête se trouve un gouverneur général, nommé par l'Angleterre, qui (comme les gouverneurs d'États) représente la couronne britannique, mais né gouverne pas. Le gouvernement, pleinement autonome, appartient à un cabinet responsable devant un Parlement élu, composé de deux chambres. La guerre a plutôt tendu, et tout naturellement, à accroître les pouvoirs de la Confédération. Mais l'esprit d'autonomie des États demeure très vigoureux et donne parfois lieu à des conflits assez vifs. La capitale fédérale ne pouvait aisément être fixée ni à Sydney, ni à Melbourne, en raison de l'émulation très naturelle entre deux grandes cités à peu près égales et qui toutes deux pouvaient prétendre devenir la tête politique de l'Australie. Il a donc été décidé, par une sorte de compromis, qu'une capitale serait construite, sur le territoire de la Nouvelle-Galles du Sud, mais à au moins 100 milles de Sydney. Son nom est Canberra. Mais en attendant qu'elle soit construite — ce qui peut tarder assez longtemps — la capitale politique effective a été fixée à Melbourne.

Dès aujourd'hui l'Australie est une nation. L'autonomie que lui reconnaît l'Angleterre va presque jusqu'à l'indépendance de fait, sinon de droit : l'Australie fait ses propres lois, soumises simplement à la signature de ses gouverneurs qui pratiquement ne la refusent jamais ; elle fait elle-même ses propres tarifs de douanes ; elle règle elle-même, sous le contrôle supérieur de la mère-patrie, ses relations commerciales et tarifaires avec l'étranger. Partie intégrante de l'Empire Britannique, elle est, comme nous le disions, une nation dans cet Empire. Et nous ne savons rien de plus admirable que la nature de ce lien entre la jeune Australie et la vieille Angleterre, fait d'une profonde communauté de race, de civilisation, d'idéal politique, fait également de la conviction que, si l'Empire est un, ses parties sont diverses et libres, fait surtout du consentement mutuel le plus spontané qui soit au monde. L'Australien est distinct de l'Anglais, il est même très différent de lui ; mais tous deux sont des britanniques.

III. — L'esprit de la législation sociale australienne et les conditions matérielles de la vie.

La politique sociale de l'Australie est célèbre ; on l'a parfois surnommée « le paradis des ouvriers ». Sans prétendre décrire sa législation ouvrière, qui est abondante et touffue comme une forêt, indiquons-en cependant les étapes essentielles, qui se classent assez nettement en trois périodes, dont la troisième du reste esquisse à peine ses débuts.

Depuis son origine, et surtout depuis la découverte des mines d'or en 1851, l'Australie a toujours été un pays de salaires élevés, soit du fait de la rareté de la main-d'œuvre, soit du fait du développement rapide des syndicats. Mais, jusque vers 1890, ces syndicats, imbus du vieil esprit des trade-unions britanniques, se limitaient volontairement à des revendications corporatives (salaires, heures de travail), sans intervenir dans les discussions politiques ou sociales d'ordre général.

A partir de 1890, une nouvelle génération de militants ouvriers préconisa au contraire l'intervention de l'État et l'appel à la législation pour améliorer le sort de l'ouvrier. Alors commença une seconde période, qui dure encore à la vérité, et au cours de laquelle a été constituée la législation sociale dont nous parlions. Depuis la guerre enfin, on distingue la naissance d'un nouvel état d'esprit, qui se manifeste en particulier chez une troisième génération de militants : ceux-ci, imbus de tendances révolutionnaires, semblent éprouver une certaine méfiance de l'État et préconisent plutôt l'action directe des syndicats, par la grève ou par tout autre moyen. Ils sont révolutionnaires, alors que leurs prédécesseurs étaient plutôt socialistes d'État. Ils ne forment du reste qu'une minorité, agissante il est vrai.

L'esprit de la législation constituée pendant la deuxième période a ceci de particulier qu'il est à la fois très hardi et très pratique. Les lois visent moins à reconstituer la société sur de nouvelles bases qu'à la rendre habitable pour l'ouvrier. M. Albert Métin, dans un livre magistral, a pu parler très justement de « Socialisme sans doctrines ». Le principe essentiel est d'assurer au travailleur un salaire minimum lui permettant de mener la vie normale d'un homme de race blanche et de ne pas abandonner la fixation de ce salaire au jeu de l'offre et de la demande, mais d'en édicter le taux par un acte de la puissance publique. Nous sommes ici au cœur de la politique sociale australienne. Comment a-t-elle atteint ce but ? Par la fixation arbitrale du salaire, soit par arbitrage obligatoire, soit par un système de conseils mixtes de salaires, composés d'ouvriers et de patrons présidés par un tiers impartial. L'arbitrage, originaire de Nouvelle-Zélande, a été adopté, avec certaines modifications naturellement, en Queensland, en Sud Australie, en Australie occidentale et par la Confédération ; les conseils de salaires (wages boards) existent dans l'État de Victoria. Quelle que soit du reste la méthode employée, la caractéristique essentielle reste que le salaire est fixé arbitralement et que la grève n'est pas officiellement reconnue comme moyen légal de le modifier.

En fait l'arbitrage fixe surtout des cadres : minimums de salaires au-dessous desquels il est interdit d'employer un ouvrier, maximum de durée de travail au delà de laquelle il est interdit de faire travailler un employé. Dans les limites de ce cadre, les ouvriers restent libres d'obtenir du patron des taux de salaires plus élevés que le minimum ou des conditions d'heures de travail plus favorables. La grève, ou des moyens de revendication collective qui lui ressemblent, sont assez souvent employés dans ce but, de sorte qu'il serait inexact de représenter l'Australie comme un pays sans grèves. Il serait inexact également de croire que tous les taux de salaires australiens sont fixés par l'arbitrage. La situation de fait semble être la suivante : l'arbitrage joue à la façon d'un frein ; il retarde la baisse des salaires dans les périodes de baisse ; il tendrait plutôt à retarder la hausse dans les périodes de hausse. C'est bien ce qui s'est passé pendant la guerre, considérée comme période de hausse : les syndicats trop peu puissants pour imposer une grève n'ont vu leurs salaires accrus par l'arbitrage que dans des proportions relativement minimes. Mais les gros syndicats, qui ont pu recourir à la grève, ont obtenu des augmentations de salaires plus importantes. Et c'est ce spectacle qui semble avoir donné une certaine popularité à la doctrine de l'action directe, indépendante de la loi. Mais il n'est pas dit que, si une période de baisse des salaires survenait de nouveau, l'arbitrage ne retrouverait pas sa popularité.

Ce qu'on peut dire en tout cas, en sa faveur, c'est qu'il a assuré en fait à l'ouvrier australien un salaire minimum décent. Les salaires australiens paraissaient autrefois fort élevés ; les développements innattendus créés chez nous par la guerre font qu'aujourd'hui nombre de nos ouvriers sont payés plus cher que les Australiens. Mais ce qui est intéressant, c'est qu'il n'y a pas dans la Commonwealth (sauf exceptions qui échapperaient à la surveillance de l'État) de bas salaires.

D'une façon générale, le salaire minimum est de 10 shillings ou 10 shillings 6 pence par jour, la durée du travail étant en général fixée à 48 heures par semaine avec semaine anglaise. Dans la métallurgie, les ouvriers sans spécialité gagnent en moyenne 11 shillings, les spécialistes une livre sterling ; à Port Pirrie, dans le traitement du plomb, nous avons vu les ouvriers sans spécialité se faire 11 shillings 9 pence, et les ajusteurs 16 shillings ; dans les tanneries de Melbourne, les taux sont à peu de chose près les mêmes. A la campagne les ouvriers de ferme reçoivent 25 à 30 shillings par semaine, logés et nourris ; par l'influence de leurs syndicats certaines corporations de travailleurs de la campagne, à demi industrialisés du reste, arrivent à se faire de magnifiques journées : les tondeurs de moutons, qui travaillent aux pièces, reçoivent 30 shillings par 100 moutons, et les tondeurs habiles arrivent à faire 200 moutons par jour ; les coupeurs de canne à sucre gagnent (aux pièces) plus de 32 shillings par jour. Il va de soi que pareils salaires restent exceptionnels. D'une façon générale, le salaire hebdomadaire moyen a été en 1917 de 74 shillings 2 pence.

Ces taux, comparés à ceux de 1913, ne révèlent pas une grande augmentation. D'après le statisticien officiel de la Commonwealth, l'augmentation, entre 1913 et 1917, aurait été seulement de 13 pour 100. D'après la même autorité, l'accroissement du prix de la vie aurait été, pendant la même période, de 33 pour 100 pour la nourriture seule, et de 19 pour 100 si l'on tient compte à la fois de la nourriture et du loyer. Bien que ces proportions d'accroissement nous paraissent minimes et que l'Australie soit, relativement à la France, un pays de vie à bon marché, il est intéressant de noter que, d'une façon générale, les salaires australiens ne semblent pas s'être accrus dans les mêmes proportions que le coût de la vie.

Nous terminerons ces remarques en disant que l'Australie nous est apparue comme un pays de réelle égalité sociale, de vie matérielle facile, et en somme comme un pays heureux.

CHAPITRE II

LES SENTIMENTS DE L'AUSTRALIE
A L'ÉGARD DE LA FRANCE

La France n'a pas aujourd'hui, dans le monde, de meilleurs amis que les Australiens. Cette amitié, ils en ont donné la preuve éclatante en venant, avec un héroïsme que notre reconnaissance n'oubliera pas, combattre à nos côtés. Ils l'ont également témoignée en prodiguant à nos œuvres de guerre, avec une générosité qui ne s'est pas un seul instant lassée, le concours de leur dévouement et de leur argent. Ils ont enfin su l'exprimer d'une façon charmante et profondément émouvante par le merveilleux accueil qu'ils ont réservé à la Mission que le Gouvernement français avait chargée de porter au peuple australien le salut reconnaissant de la France.

Nous renonçons à décrire, par crainte de demeurer inférieurs à la réalité, la cordialité, la spontanéité, l'enthousiasme de l'accueil qui fut fait, pendant leur mission, aux représentants de la France. D'un seul mouvement, comme soulevée par une sorte de marée de sentiment, la Nation australienne toute entière se porta vers la Mission française, pour lui exprimer, pour lui dire, pour lui crier sa reconnaissance, son admiration pour la France. Ce ne furent pas seulement les gouverneurs de la Confédération et des États, les ministres, les parlements, les maires des grandes villes qui s'avancèrent à notre rencontre, ce ne furent pas seulement les foules, dans les grandes cités, qui nous acclamèrent. Dans les moindres villages, dans les haltes de chemins de fer perdues au milieu de la brousse, parfois sur les grandes routes, faisant barrage devant nos automobiles, les plus modestes représentants du peuple australien se trouvaient sur le passage de la Mission, avec des drapeaux tricolores, des fleurs à nos couleurs, des adresses touchantes de sympathie, le tout au son de la *Marseillaise*, que les enfants des écoles reprenaient en chœur. Un spectacle plus émouvant encore — parce qu'il rendait présente l'image de nos grandes luttes communes — c'était, presque partout, rangés au garde à vous, les soldats retour du front, les blessés, les mutilés de la guerre, et souvent, retenant l'expression de leur douleur, trouvant une suprême consolation dans ces cérémonies, les pères et mères des héros tombés au champ d'honneur. Le serrement de main d'un général français, venu pour leur apporter le remerciement et l'hommage de la France, restera certainement toujours dans leur souvenir. Mentionnerons-nous enfin la joie de nos compatriotes français et la rencontre parfois — combien émouvante! — de quelque vétéran de 1870, médaillé, tout blanc avec la barbiche à l'impériale, auquel la victoire redonnait une nouvelle jeunesse ?

Il semble qu'au milieu des difficultés sans nombre de la vie quotidienne et malgré la grandeur de la victoire, l'opinion française se rend parfois mal compte du prestige immense dont la France victorieuse — et peut-être plus encore la France combattante et obstinée d'avant la victoire — jouit là-bas. Pour les Australiens, elle est certainement toujours « la Grande Nation », non pas peut-être la plus puissante ou la plus riche, mais celle qu'on trouve sans faute à son poste pour la défense de toutes les causes généreuses. Nous ne croyons pas exagérer en disant que nous occupons dans le cœur des Australiens une place spéciale, et ils ont trouvé pour le dire, après l'avoir prouvé sur les champs de bataille, des accents dont la sincérité ne peut tromper.

Dans tous les milieux spéciaux avec lesquels la Mission a pris contact, elle a trouvé les mêmes sentiments et la même bonne volonté. Les chefs politiques, tels que M. Hughes, premier ministre de la Confédération, M. Watt, premier ministre par intérim en Australie pendant l'absence en Europe de

M. Hughes, M. Holman, premier ministre de l'État de Nouvelle-Galles du Sud, ont fait plus qu'exprimer leur amitié pour
la France : ils l'ont à bien des reprises manifestée par des
actes, que ni le Gouvernement, ni le peuple français ne sauraient oublier. Il nous semble que toutes les négociations de
l'avenir, entre la France et l'Australie, devront être rendues
aisées et faciles par l'amitié des deux gouvernements et des
hommes qui les représentent.

Dans les milieux commerciaux, la bonne volonté à l'égard
de la France s'est manifestée tout aussi sincère et tout aussi
complète. La Mission, dans toutes les grandes villes et dans
beaucoup de villes de moyenne importance, s'est mise en
contact avec les Chambres de commerce, les Chambres de
manufactures, les Associations de voyageurs de commerce, les
principales maisons d'affaires.... Nulle part elle n'a trouvé
plus de cordialité : par ces rencontres, par les conversations,
les échanges de vues, les enquêtes réciproques dont elles ont
été l'occasion, nous croyons avoir utilement préparé le germe
de fécondes relations d'avenir. Car chaque commerçant australien est aujourd'hui désireux de faire des affaires avec la
France, et chaque consommateur australien sera heureux
d'acheter nos produits. « Les portes de l'Australie vous sont
ouvertes, nous disait-on partout. Venez donc. Pourquoi vos
vendeurs ne sont-ils pas déjà parmi nous ? C'est vous qui devez
prendre la place occupée naguère par l'Allemagne et dont
nous voulons désormais fermement la voir exclue. » Nous
avons dû expliquer comment la France, toute entière à son
œuvre de guerre, n'avait pu, comme d'autres, s'occuper à
loisir de ses exportations. Mais il faudrait maintenant ne plus
tarder à reparaître sur les marchés du monde : sur le marché
australien en tout cas nous trouverons la plus chaude sympathie.

Cette atmosphère accueillante, où l'estime et l'admiration
pour la France se nuançaient d'amitié, la Mission française
l'a retrouvée dans tous les milieux et dans toutes les classes
sociales du peuple australien. Qu'il se soit agi du gouverne-

ment, de l'armée, des municipalités, des universités ou des institutions scolaires, des milieux ouvriers, des industriels, des agriculteurs ou des commerçants, des plus grands clubs comme des plus modestes associations, nous avons sans exception rencontré le désir que l'amitié franco-australienne continue d'être une réalité dans la paix, comme elle l'a été dans la guerre.

Il y a là une occasion unique et merveilleuse dont il faut profiter. Il y a aussi, vis-à-vis de loyaux amis, un devoir qu'il faut remplir.

CHAPITRE III

LE CONCOURS MILITAIRE DE L'AUSTRALIE
PENDANT LA GUERRE

Parmi les nombreux soldats alliés qui ont combattu sur notre sol pendant la Grande Guerre, il n'en est sans doute pas qui soient plus populaires parmi nous que les Australiens et les Néo-Zélandais (car nous ne voulons pas ici les séparer). Le Français combattant ou civil, qui est bon juge, s'est en effet très vite rendu compte qu'il avait à faire, en eux, à de véritables et magnifiques guerriers. Ce qu'il aimait, dans ces magnifiques garçons aux corps nerveux, au profil de statues, ce n'était pas seulement leur entrain au combat, leur *Furia* où il reconnaissait quelque chose de ses propres qualités, c'était aussi leur caractère humain : il ne trouvait pas en eux à proprement parler des soldats de métier, dressés comme certains Allemands à une discipline qui fait disparaître l'homme derrière le soldat; il se réjouissait d'admirer des citoyens qui, ayant consciemment pris les armes pour la défense de principes qui leur étaient chers, se montraient les égaux des meilleurs soldats de la vieille Europe. Disons enfin qu'il y avait une sympathie personnelle pour ces « boys », charmants et naturels, libres de manières et cordiaux, qui devenaient immanquablement des amis dans les familles où ils étaient reçus en billets de logement. Et puis, nous savions bien qu'ils étaient toujours aux endroits difficiles et qu'au même titre que nos poilus ils ont fait partie de ce front qui n'a jamais cédé et qui restera célèbre dans l'histoire avec son mot d'ordre héroïque : « Ils ne passeront pas! »

Nul concours n'a été plus spontané, plus sincère, plus

conscient que celui donné, politiquement et militairement, par l'Australie à la cause des Alliés. Il n'y a pas eu d'hésitation dans la décision du Gouvernement de la Commonwealth de contribuer à la guerre. Dès le 5 août 1914, il câblait au Gouvernement britannique pour placer à sa disposition les bateaux de guerre de la Marine australienne et pour lui offrir l'envoi d'une force expéditionnaire de 20 000 hommes vers telle destination que fixerait l'Angleterre, cette force devant être à l'entière disposition de la mère patrie. Dès le 6 Août l'offre était acceptée, et le 11 un appel pour des engagements volontaires était lancé au peuple australien. Depuis lors, les engagements volontaires se sont régulièrement succédé jusqu'à la fin de la guerre : nous dirons les magnifiques résultats qu'ils ont donnés.

Les raisons qui ont conduit les Australiens à s'associer volontairement à la Guerre mondiale, en prenant part personnellement à ses batailles, sont les plus nobles qui puissent déterminer une nation. Il y a d'abord eu un sentiment profond de solidarité britannique, un sincère dévouement à l'Empire, la conviction instinctive ou raisonnée que le sort de l'Australie elle-même était en jeu comme celui de l'Angleterre. Il y a eu d'autre part un entraînement irrésistible en faveur d'une cause jugée juste par la conscience australienne. Il y a eu enfin — facteur qui plaira à tous les Français — le goût du sport et du risque ; le peuple australien est un des plus sportifs qui soient ; dès l'instant qu'une guerre mondiale éclatait, beaucoup voulurent « en être ». Les Australiens pourront en effet dire, comme les soldats de la Grande Armée : « J'y étais ! ». Ajoutons que toutes les classes ont participé au mouvement. L'armée australienne a compris des squatters et des tondeurs de moutons, des cultivateurs et des ouvriers, des membres des professions libérales et des commerçants. Ce fut vraiment une armée nationale.

Le nombre des engagements volontaires a été considérable. Il y a eu 52 562 engagements en 1914 (cinq mois), 165 912 en 1915, 124 352 en 1916, 45 101 en 1917, 24 140 en 1918 (chiffre jusqu'à la fin de septembre). Le grand effort a donc eu lieu en 1915 et 1916. Si l'on fait un graphique mensuel des engagements, on aperçoit que les poussées ont régulièrement lieu chaque fois que l'Australie reçoit une mauvaise nouvelle (évacuation des Dardanelles, pertes cruelles à la bataille de la Somme, etc.). Nous ne connaissons rien de plus honorable pour l'Australie que ce sentiment qui pousse ses enfants à s'enrôler, non pas au moment où la victoire semble proche, mais à celui où leur concours est nécessaire pour sauver la patrie. Voyant, à un moment donné, vers la fin de 1916, que le nombre des engagements volontaires faiblissait (pour la raison bien naturelle qu'un nombre d'hommes énorme était déjà parti), le Gouvernement australien soumit au peuple australien, dans un referendum, la question de la conscription. Un premier referendum en 1916 et un second, fin 1917, se prononcèrent contre l'adoption de cette mesure. Sans entrer dans les controverses souvent passionnées auxquelles ces consultations populaires donnèrent parfois lieu et dans lesquelles nous ne saurions prendre parti, constatons seulement que, par le simple jeu des seuls engagements volontaires, l'Australie a su lever et organiser l'une des plus belles armées qui aient combattu à nos côtés. Quelques chiffres et quelques noms propres en diront du reste plus que de longs commentaires.

Quelques chiffres d'abord :

Nombre total d'engagés volontaires	416 809
Tués	55 585
Prisonniers	5 421
Blessés	151 245

Quelques noms propres maintenant : nous ne pensons pas avoir à rappeler ici l'action de l'armée australienne pendant la guerre. Disons seulement que l'Australie commença par purger l'Océan Pacifique de la domination allemande, œuvre qui fut accomplie de sa part concurremment par l'armée et la marine, cependant que des forces japonaises, néo-zélandaises, françaises contribuaient au même programme d'ensemble. Ensuite, très rapidement, une force australienne fut débarquée en Égypte. On sait le rôle joué par les Australiens à Gallipoli, puis sur le front occidental où ils s'illustrèrent notamment à Pozières, Bullecourt, Messines, Ypres, Amiens.... Une autre fraction de l'armée australienne contribuait de son côté à la défense du canal de Suez et jouait un rôle de premier ordre dans l'expédition de Palestine.

Nous avons tenu à commencer cette brochure par les pages qui précèdent, afin de montrer que si les Australiens savent exprimer d'une façon charmante leurs sentiments d'amitié, ils savent aussi, dans les circonstances difficiles, les prouver par des actes.

PREMIÈRE PARTIE

La production australienne.

CHAPITRE IV

PART PROPORTIONNELLE
DE L'AGRICULTURE, DE L'INDUSTRIE ET DES MINES
DANS LA PRODUCTION AUSTRALIENNE

M. G. H. Knibbs, statisticien officiel de la Confédération
australienne, dont les travaux font autorité, estime comme
suit la valeur respective des différentes branches de la production australienne pour l'année 1913 (nous prenons 1913
comme année moyenne d'avant-guerre, la hausse désordonnée
des prix survenue depuis lors étant de nature à donner des
impressions inexactes) :

	£		
Production agricole (culture)	46 162 000	21,1	pour 100
Production pastorale (élevage et ses dérivés)	78 207 000	35,9	—
Production forestière et pêcheries	6 538 000	3	—
Production minière	25 868 000	11,8	—
Production industrielle	61 586 000	28,2	—
	218 161 000		

Encore que pareilles évaluations, indépendamment de la
compétence reconnue de M. Knibbs, soient forcément sujettes
à une certaine imprécision, ces chiffres et surtout les propor-

tions qui en découlent donnent une bonne impression de la place respective que tiennent, dans la production australienne, l'agriculture, les mines et l'industrie. Nous nous y arrêterons quelques instants.

A ne considérer que les groupes essentiels, on voit immédiatement que l'agriculture dans son ensemble (culture proprement dite, élevage, forêts) constitue près de 60 pour 100 de la production totale. L'Australie doit donc être considérée essentiellement comme un pays agricole. Dans cette production agricole elle-même, c'est sans aucun doute la production pastorale qui prédomine — nous entendons par là l'élevage sous toutes ses formes et les industries qui en dérivent : viande, laine, laiterie, beurre, fromage.... La culture proprement dite ne vient qu'au second plan, de telle sorte que l'Australie reste en somme aujourd'hui ce qu'elle était au début de son histoire, un pays d'élevage.

Si à l'agriculture nous ajoutons les mines, nous trouvons un groupe qui forme 71 pour 100 de la production australienne, plus des deux tiers : là se trouve la véritable source de la richesse australienne. Les exportations en proviennent pour une proportion qui dépasse 80 pour 100 de leur total, et c'est en somme par l'exportation des produits de ce groupe que la Commonwealth est vraiment créatrice de richesse. L'industrie, dont l'importance du reste est loin d'être négligeable, ne forme, croyons-nous, qu'un appoint. N'étant pas exportatrice mais dépendant en réalité du marché intérieur, elle vit en réalité de la prospérité de l'agriculture et des mines ; si cette prospérité agricole et minière venait à s'effondrer (supposition heureusement invraisemblable), l'industrie s'effondrerait en même temps. On peut très bien concevoir au contraire une Australie dépourvue d'industrie. Ce bref raisonnement nous montre très bien ce qu'il y a d'essentiel dans la richesse australienne. Mais on comprend également que, dans son désir dès aujourd'hui réalisé d'être une nation, la Commonwealth tienne à manufacturer elle-même le plus grand nombre possible des articles qui sont nécessaires à sa vie.

En un mot, l'Australie est prospère (y compris son industrie) tant que l'exportation de ses produits agricoles et miniers se fait largement et dans de bonnes conditions de prix. Sa prospérité fléchit (y compris celle de son industrie) dans la mesure où l'exportation de ces produits fléchit elle-même. La prospérité de la Commonwealth est donc étroitement liée à la hausse mondiale de produits tels que la viande, la laine et le blé; la prospérité de son industrie semble par contre être l'effet plutôt que la cause de la prospérité australienne.

CHAPITRE V

LA PRODUCTION AGRICOLE

I. — Les conditions générales de la production agricole en Australie.

Bien que, dans une grande partie de son territoire, l'Australie ait à lutter contre des conditions climatériques difficiles, bien que le sol n'y soit pas partout d'une excellente qualité, ses facteurs de richesses sont cependant considérables, et ses possibilités seraient pour ainsi dire sans limites, soit en raison de son immensité, soit en raison de la variété de ses climats, si elle réussissait à attirer la quantité de population suffisante pour mettre en valeur cet énorme continent.

L'une des principales difficultés qui résultent du climat australien, par ailleurs léger et charmant, est sa sécheresse, ou plus exactement l'irrégularité de ses pluies. Le forage de nombreux puits n'y a qu'insuffisamment remédié, et dans la majeure partie du pays les rivières sont rares et de faible débit. Mais la culture réussit partout où il y a de l'eau, et l'Australie, dans certaines de ses régions, contient quelques-uns des plus beaux spécimens de terres qui se puissent voir.

Quant à l'énormité du continent australien, c'est un facteur que nous ne saurions passer sous silence : il constitue une merveilleuse richesse d'avenir, et l'on envie les citoyens de la Commonwealth d'avoir devant eux la ressource de cette immense réserve de terres. La difficulté de l'exploitation provient du caractère massif de ce continent, dont les côtes peu découpées ne se prêtent que mal à la pénétration. D'où la nécessité d'une active politique de chemins de fer, admira-

blement comprise du reste par les hommes d'État australiens : à une certaine distance du rail, en effet, la culture
proprement dite — sinon l'élevage — cesse d'être possible, et
il y a là une limitation de la mise en valeur qui est étroitement liée à l'étendue des travaux publics que la Commonwealth est en mesure de réaliser.

Ce sont ces diverses raisons qui semblent avoir empêché
jusqu'ici la constitution de grands centres agricoles à l'intérieur du pays et qui (sauf peut-être dans le Queensland où les
rivières sont plus nombreuses) ont poussé à la centralisation
de la population et de l'activité industrielle et commerciale
dans quelques grandes villes de la côte, qui sont à la fois les
capitales des divers États et leurs uniques entrepôts d'exportation. Sydney, Melbourne, Adélaïde, Brisbane sont des
villes considérables et qui semblent à première vue trop développées par rapport aux États dont elles sont les capitales.
Le pourcentage de la population urbaine est de 54,85 pour 100
dans la Nouvelle-Galles du Sud, de 54 pour 100 dans l'État
de Victoria. Par une sorte de paradoxe, ce pays essentiellement agricole est essentiellement un pays de grandes villes.
Elles sont prospères du reste, et si l'on peut dire qu'il n'y a
pas assez de monde à la campagne, il serait hardi et injuste
d'avancer qu'il y a trop de monde dans les cités !

On voit donc que, malgré diverses difficultés auxquelles les
Australiens font face avec énergie, rien ne s'oppose au développement et à la mise en valeur de ce beau pays. Mais ici se
rencontre un nouvel obstacle : la difficulté de trouver de la
main-d'œuvre. On se rend aisément compte, en effet, qu'avec
une population de cinq millions d'habitants, dont une forte
proportion réside dans les villes, il n'est pas aisé de recruter
la main-d'œuvre rurale nécessaire à un développement
intensif du pays. Les efforts tentés jusqu'ici pour provoquer
une immigration de race blanche n'ont pas toujours eu le
succès désirable, et il faut espérer que le gouvernement de la
Commonwealth s'attachera à les renouveler après la guerre,
avec la suite et l'énergie indispensables. Actuellement, bien

que les salaires ruraux soient élevés (10 shillings en moyenne par jour avec nourriture et logement), les fermiers australiens ont grand'peine, soit à attirer des travailleurs, soit à les retenir à la campagne, car les grandes villes exercent là-bas la même dangereuse attraction que chez nous.

L'exploitation agricole devient, dans ces conditions, assez difficile. Ce n'est pas que les fermiers australiens, qui sont des énergiques, n'y réussissent pas! Non, mais il faut qu'ils mettent beaucoup la main à la pâte et, dans, nombre de cas, fassent tout où presque tout eux-mêmes. Ceux qui s'en tirent le mieux sont les fermiers qui exploitent avec l'aide d'une nombreuse famille. Les grandes exploitations de culture sont de ce fait désavantagées, car, malgré tout, la machine — qui coûte cher et demande des mains expertes pour la conduire — ne remplace pas l'homme. Il y a donc tendance à une limitation de fait de l'étendue des exploitations de culture.

Pour les mêmes raisons la culture intensive est assez difficile à pratiquer. Du reste, le fumier de ferme, indispensable à l'engraissement, n'existe pas en Australie, où, par suite de la douceur du climat, les animaux ne sont rentrés à aucune époque de l'année; les engrais chimiques, d'autre part, sont chers et d'un transport coûteux. La culture extensive règne donc principalement, mais les ressources en terres sont si considérables que la production australienne ne s'en ressent pas.

Les circonstances géographiques et économiques que nous venons d'indiquer font que l'Australie a été essentiellement jusqu'ici et semble devoir rester essentiellement un grand pays d'élevage. Dans un continent au climat aussi doux, où l'hiver est en somme inexistant, les soins à donner au bétail se réduisent pour ainsi dire à rien. Les animaux vivent et se reproduisent en liberté; on ne les réunit qu'à de rares intervalles, soit pour tondre les moutons et castrer les agneaux, ou les soumettre à un bain antiseptique, soit (s'il s'agit du bétail) castrer les jeunes, les marquer au fer rouge, enfin séparer les animaux destinés à la boucherie. La main-d'œuvre est limitée au strict minimum : le personnel d'une exploitation de 20 000 hectares par exemple sera tout au plus d'une dizaine d'hommes montés, dont les fonctions consisteront principalement à faire le tour des enclos, à en boucher les brèches, à détruire les dingos, les lapins.... Les grands éleveurs, appelés *squatters*, constituent en Australie une sorte d'aristocratie traditionnelle : le pays se prêtant admirablement à l'élevage dans les conditions où ils le font, ils souffrent certainement moins que tous les autres producteurs des difficultés climatériques ou économiques dont nous avons parlé.

Désireux de constituer une classe de petits cultivateurs résidant sur la terre (sans lesquels la campagne australienne ne se peuplerait en somme pas), les divers gouvernements d'États ont cherché à morceler, soit à l'amiable, soit par expropriation, soit par le jeu de taxes progressives, les propriétés des squatters. Ils ont réussi à créer une classe de cultivateurs moyens, qui s'interpose maintenant entre les latifundia de l'arrière-pays et les grandes villes de la côte. Toutefois, par suite des difficultés de main-d'œuvre que nous avons signalées, impressionnés aussi par les hauts prix actuels de la laine et de la viande, ces moyens cultivateurs tendent, eux aussi, à se diriger vers l'élevage. Ils ne peuvent toutefois s'y adonner de la même façon que les squatters, et ils aboutissent fréquemment à un type d'exploitation mixte, où la culture sans doute continue d'exister largement, mais où l'élevage tend à prendre la première place. Par le fait même qu'il ne s'agit pas de grandes exploitations, l'élevage lui-même évolue dans son caractère : alors que le squatter ne vise pour ainsi dire que la laine et n'exploite guère que le mérinos, le moyen fermier se tourne fréquemment vers les races anglaises, plus propres à l'engraissement, qui, outre la laine, donnent une carcasse beaucoup plus lourde. En un mot, tandis que le squatter fait surtout le mouton à laine, le fermier fait surtout le mouton à viande. Quant au bœuf, il demeure principalement l'apanage des grands squatters (surtout dans le Queensland).

Coïncidant avec l'exploitation familiale, l'élevage a, d'autre part, poussé le petit fermier vers la laiterie, là où les conditions climatériques et économiques le permettent (humidité suffisante du sol, proximité d'une beurrerie coopérative, d'une gare de chemin de fer). Beaucoup de sols, qui ne se trouvent pas dans les conditions voulues pour être exploités avec profit pour la laiterie, sont, par contre, appropriés à la culture des arbres fruitiers : cette culture, qui a pris un développement important, principalement en Tasmanie, est généralement entre les mains de petits fermiers spécialisés dans l'arboriculture. Quant à l'exploitation des forêts, elle paraît se faire encore sans plan d'ensemble : l'Australie possède de magnifiques forêts de bois lourds (eucalyptus et ses principales variétés). Les divers gouvernements d'États commencent à se préoccuper d'une exploitation qui pourrait aboutir à un déboisement trop rapide : certains d'entre eux, celui de l'Australie occidentale par exemple, ont attaché un spécialiste forestier au ministère de l'agriculture, pour envisager les reboisements à faire et les précautions à prendre. L'expérience bien connue de la France à cet égard a été et sera certainement encore sollicitée.

Dans les limites de ces tendances générales, la part proportionnelle de la culture et de l'élevage dans les années à venir semble devoir surtout dépendre des cours mondiaux du blé, comparés à ceux de la viande et de la laine, ainsi que de la continuation ou de la cessation des achats en bloc opérés, durant la guerre, par le gouvernement britannique, soit pour ses propres besoins, soit pour ceux des alliés.

La laine, la viande et le blé étant considérés, d'après ce que nous venons de dire, comme les trois productions agricoles essentielles de l'Australie, il nous reste à mentionner un certain nombre de cultures secondaires.

Mentionnons d'abord (et simplement pour mémoire) l'avoine et le maïs, auxquels le climat australien se prête moins bien qu'au blé. L'orge et le seigle d'autre part réussiraient bien, mais il semble qu'il ait été assez difficile jusqu'ici de leur trouver des débouchés. Quant à la vigne, le sol et le climat de l'Australie leur sont particulièrement favorables, et de nombreux vignobles ont été constitués dans diverses parties de la Commonwealth, principalement dans l'Australie du Sud. Les caractéristiques du vin australien sont bien connues en France. Le marché anglais, plusieurs autres également, lui ont fait largement accueil. Peut-être, avec notre goût français, le trouverions-nous trop alcoolisé. Nous dirons toutefois qu'à notre avis la principale difficulté que rencontre la production vinicole en Australie est le peu de goût du consommateur australien lui-même pour le vin : il ne s'en sert pas, comme nous, à la façon d'une boisson de table, mais serait plutôt porté à le boire, comme nous buvons les vermouths ou les frontignans, entre les repas. Nous dirons plus loin en quoi l'exportation en Australie de nos vins français nous paraît cependant compatible avec la production locale.

Citons enfin un certain nombre de cultures, auxquelles le climat de la Commonwealth se prête à merveille, mais qui ne se développent pas comme elles pourraient le faire, en raison des difficultés de main-d'œuvre auxquelles plusieurs fois nous avons fait allusion. Tout d'abord l'olivier, qui donne d'excellents résultats en Australie occidentale et en Australie méridionale, mais dont la culture est arrêtée dans son développement par les difficultés matérielles de la cueillette. Mentionnons dans la même catégorie diverses cultures tropicales comme la canne à sucre et le coton. Toute la partie septentrionale de l'Australie, région tropicale magnifique, se prêterait aisément à leur production. Mais la main-d'œuvre blanche, que seule le gouvernement de la Commonwealth désire y maintenir, est trop coûteuse pour permettre un développement sérieux de ces cultures. La canne à sucre, qui vient fort bien au Queensland, ne peut, dans ces conditions, s'y cultiver que grâce à une forte protection. La culture du coton, qui y a été essayée avec succès, a dû être abandonnée pour des raisons analogues, et l'Australie reste importatrice de sucre, de coton et de cotonnades.

Ces quelques réserves faites, l'Australie demeure un pays de richesse considérable et de possibilités immenses. Il ressort des pages qui précèdent que l'élevage est sa première source de richesse, ses produits étant, par ordre d'importance, la laine, la viande, les peaux, et bien loin après, la laiterie, le beurre et le fromage[1]. La principale culture proprement dite est celle du blé. Il n'est pas exagéré de dire que la prospérité générale de l'Australie est liée directement au succès de trois produits essentiels : la laine, la viande et le blé, c'est-à-dire à leur exportation à bon prix sur le marché mondial. De là le souci, très naturel, qu'a l'Australie de s'assurer des débouchés. Nous sommes heureux de penser que nous figurons, pour la laine, parmi ses meilleurs clients. Et nous ne demandons qu'à étudier l'éventualité de trouver en elle un fournisseur pour d'autres produits.

Ayant ainsi donné une idée générale de la production agricole australienne, nous nous bornerons, dans les pages qui suivent, à quelques indications extrêmement succinctes sur les principaux articles, originaires d'Australie, dont la France est ou pourrait être consommatrice.

1. En 1915 et en 1916-17, l'exportation de ces principaux produits agricoles australiens a figuré dans les exportations totales de l'Australie pour les chiffres et les proportions suivantes :

	1913			1916-17		
	£			£		
Laines.	26 267 067	33,4	pour 100	28 933 338	29,7	pour 100
Blé	11 344 182	14,4	—	17 275 601	17,3	—
Viandes.	7 716 000	9,8	—	8 931 152	9,1	—
Peaux.	5 546 067	7,5	—	2 273 648	2,3	—
Beurres.	3 586 000	4,5	—	5 433 757	5,5	—
Total des exportations	78 572 000			97 955 000		

CHAPITRE VI

LA LAINE, LA VIANDE, LES FRUITS
LE BEURRE ET LE FROMAGE, LE BLÉ

I. — La laine.

D'après les statistiques officielles australiennes, le nombre
de moutons australiens, qui était en 1911 de 92 742 034, est
tombé en 1915, par suite de la sécheresse, à 69 781 303. Il est
ensuite remonté très rapidement, pour arriver en 1918 à
81 283 350. D'après les renseignements des milieux spéciaux,
le nombre des moutons aurait même atteint, en 1918, 84 217 250.
Toutefois, le pays ayant eu à souffrir, pendant les derniers
mois de 1918, d'une sécheresse assez accentuée, accompagnée
d'incendies de prairies, il ne semble pas qu'on doive estimer
à plus de 78 millions de moutons l'effectif australien à la fin
de l'année en question.

Malgré la diminution du nombre d'animaux, il est à remarquer que le poids total de laine produite par l'Australie n'est
pas en diminution correspondante, ce qui provient de la tendance croissante à croiser les animaux afin d'obtenir une carcasse plus grande pour la boucherie. Pendant la saison 1917-
18, la production australienne de laine a été de 1 909 615 balles,
passées aux estimations du Central Wool Committee. Sur
cette quantité on comptait 82 292 balles de laines de peaux
lavées (soit 4.2 pour 100 de l'ensemble) et 120 022 balles de
laines lavées autres que les laines de peaux (soit 6.2 pour 100
de l'ensemble). Ces chiffres sont intéressants, en ce sens qu'ils
révèlent l'importance relative des industries du délainage et
du lavage en Australie.

La quantité de laine vendue aux manufacturiers locaux a été

en 1917-18 de 51 000 balles, soit 2.72 pour 100 de l'ensemble.

En ce qui concerne les qualités, la tendance, au moment où la Mission se trouvait en Australie, était à la diminution de la proportion du mérinos et à l'augmentation du croisé ; en effet, comme nous l'avons dit plus haut, les circonstances économiques favorisent le développement des petites exploitations, et les petits fermiers dirigent plutôt leurs efforts vers la production d'un animal de boucherie. Durant la saison 1917-18, la proportion du croisé a été de 33.7 pour 100. Il convient toutefois d'observer que cette tendance peut ne pas se maintenir, si une baisse de la viande survient et si la hausse qu'on a observée récemment sur les mérinos continue. Il est assez difficile de connaître ou d'évaluer actuellement les stocks de laines australiens. A la fin de la saison 1917-18, l'opinion des milieux compétents évaluait le stock à un million de balles. Peut-être n'était-il pas tout à fait aussi considérable, mais il ne devait pas s'éloigner beaucoup de ce chiffre. Il était composé en majorité de laines de qualités inférieures, les meilleures laines ayant été toujours demandées les premières par l'Europe.

Si nous considérons maintenant les industries australiennes du lavage, peignage et délainage réunies (sans tenir compte toutefois des tissages qui ont leur propre peignage), nous constatons, d'après les statistiques, que le nombre des établissements était respectivement de 119 en 1913 et de 99 en 1917 ; le nombre des employés était de 2 375 en 1913 et de 2 606 en 1917 ; la quantité de laine en suint traitée était de 82 054 291 livres en 1913 et de 106 211 163 livres en 1917 ; la quantité de peaux traitées de 6 529 734 et 5 834 295. Le bénéfice brut enfin était de £ 574 997 en 1913 et de £ 1 231 941 en 1917. Si l'on prend l'industrie du lavage isolément, on arrive aux constatations suivantes : il y avait en 1916 39 établissements pouvant traiter par semaine un total de 7 220 balles. Pendant la durée du contrôle des ventes établi par le gouvernement et dont nous parlerons plus loin, 13 établissements nouveaux ont été ajoutés, avec une capacité hebdomadaire de 2 365 balles. Quand la Mission a quitté l'Australie (décembre 1918), on s'attendait en plus à l'ouverture de 64 nouvelles usines pouvant traiter chacune 200 balles par semaine (ces chiffres comprennent les établissements de délainage qui ont augmenté leur installation de façon à pouvoir faire également le lavage).

Nous rappellerons pour mémoire que la France était, avant la guerre, le plus gros acheteur du Continent et peut-être de l'Europe en fait de laines australiennes. En 1913, en effet, il était expédié d'Australie vers l'Angleterre 185 587 090 livres poids de laine ; vers la France, 159 782 827 ; vers l'Allemagne, 94 068 893 ; vers la Belgique, 51 881 724. Nous sommes, comme on le voit, en tête des acheteurs du Continent, et l'on peut remarquer que, sur la quantité expédiée en Angleterre, une partie était revendue à Londres, tandis qu'il faut, au contraire, ajouter aux expéditions vers la France les quantités de laines que la France achetait sur ce même marché londonien. Point n'est besoin de faire appel à des arguments pour gagner à la France la sympathie australienne ; elle nous vient spontanément. Mais si cela était nécessaire, nous pourrions rappeler à nos amis d'Australie que la France figure parmi leurs meilleurs clients !

Les estimations pour la tonte de 1918-19 sont d'au moins deux millions de balles.

Pendant la guerre, le commerce extérieur des laines australiennes a été, comme on le sait, soumis au contrôle de l'État. Depuis le mois de novembre 1916, et pour une période devant couvrir la durée de la guerre, plus une année lainière complète (1er juillet à fin juin) après la déclaration de la paix (*a full wool year after the declaration of peace*), le gouvernement britannique s'est rendu acquéreur, d'accord avec le gouvernement australien, de toute la production lainière australienne, les besoins locaux de la Commonwealth étant préalablement servis. Il ne s'agit pas, à proprement parler, d'une réquisition, mais d'un achat à l'amiable, la liberté des vendeurs étant cependant limitée par l'interdiction de vendre autrement que par l'intermédiaire du Central Wool Committee. Ce Central Wool Committee, qui est nommé par le gouvernement austra-

lien et qui comprend des représentants de tous les intérêts lai-
niers, tels qu'ils existaient avant la guerre (producteurs, cour-
tiers, acheteurs et consommateurs), est chargé des achats
pour le compte du gouvernement britannique. Les laines sont
divisées en un certain nombre de qualités, les anciens acheteurs étant chargés d'estimer pour chaque lot la catégorie
dans laquelle ce lot doit rentrer. Les prix des catégories sont
fixés d'avance. Les bénéfices réalisés par le gouvernement
britannique dans les ventes à des consommateurs civils vont
pour moitié au pool des producteurs. Le Central Wool Committee est également le comité consultatif du gouvernement
australien pour toutes les questions intéressant sa politique
lainière, celui-ci se réservant naturellement toutes les déci-
sions finales.

La question de la laine est ainsi devenue, pour la période
de la guerre et la période transitoire qui doit immédiatement
la suivre, une véritable question politique, puisque les gouvernements l'ont prise en main. Nos lecteurs comprendront donc
que, dans ces conditions, nous ne nous jugions pas la liberté
nécessaire pour la traiter dans ses principes et dans ses détails. Qu'il nous suffise de dire — et nous croyons pouvoir le
dire — que la Mission s'est entretenue de la grave question
de la répartition des laines, dans maintes conversations, soit
avec le Central Wool Committee, soit avec le gouvernement
fédéral lui-même. Sans violer aucun secret, il nous sera permis de dire que nous avons trouvé, chez nos interlocuteurs
australiens, la plus large bonne volonté et le plus sincère désir d'aider la France à reconstituer sa belle industrie du Nord.
Ils nous l'ont dit explicitement, dans des termes dont la sincérité ne pouvait faire de doute, et, sur ce terrain comme sur
les autres, nous savons que nous pouvons compter sur l'amitié de l'Australie.

On n'ignore sans doute pas que nos achats de peaux de
moutons en Australie pour l'industrie du délainage se sont accrus dans de fortes proportions durant les dix dernières années
qui ont précédé la guerre. Mazamet, qui achetait en Australie

4687 tonnes en 1904, y achetait 22355 tonnes en 1913, cependant que les achats en Amérique du Sud demeuraient à peu près stationnaires (29664 tonnes en 1904, 29344 en 1913), et que les achats en Afrique du Sud, beaucoup moins importants, passaient de 359 à 4300 tonnes. Nous étions donc devenus de gros clients, et l'on comprend que le régime de l'embargo des peaux, à la sortie de l'Australie, ait mis la région de Mazamet dans une situation fort délicate. Là encore, s'agissant d'un problème presque autant diplomatique que commercial, nous ne sommes pas en mesure de donner, dans cette brochure, des indications qui ont fait, de la part de la Mission, l'objet d'un rapport au gouvernement français. Mais nous avons essayé de faire sentir à nos hôtes la réelle gravité que présentait la situation pour l'un des groupements industriels les plus intéressants qui soient dans notre pays. Là encore l'Australie a un client de premier ordre à ménager. Il suffit, croyons-nous, de lui rappeler que ce client est aussi pour elle un ami.

II. — La viande.

La viande entrait dans les exportations australiennes de 1913 pour £ 7716000, soit 9.8 pour 100 de l'ensemble, et dans les exportations de 1916-17 pour £ 8931152, soit 9.1 pour 100. Le nombre de têtes de bétail (bovins) était en 1916, d'après les statistiques officielles, de 10459237, chiffre qui ne semble guère avoir progressé depuis vingt à vingt-cinq ans. L'élevage du bœuf est principalement concentré dans deux États, le Queensland d'abord, qui possède près de 46 pour 100 de l'ensemble du bétail australien, puis la Nouvelle-Galles du Sud, avec 26 pour 100. L'État de Victoria, qui vient ensuite avec 11 pour 100, est en décroissance marquée à cet égard depuis quinze ans. Les exportations se font exclusivement sous la forme frigorifiée.

La France toutefois n'était pas, on le sait, acheteur de viande frigorifiée en Australie. Celle-ci vendait presque exclusivement son bœuf et son mouton frigorifiés à l'Angleterre.

Elle commençait seulement à trouver un débouché dans l'Afrique du Sud, dans les Philippines, aux États-Unis, en Égypte et en Allemagne. La guerre a fortement attiré l'attention de la consommation mondiale sur la viande australienne, et il n'y a pas de doute que, dans l'avenir, celle-ci ne soit appelée à jouer un rôle important sur les marchés du monde. Toutefois, durant la guerre, l'exportation n'en a pas été libre. En vertu d'un arrangement conclu, dans ce sens, entre l'Australie et la Grande-Bretagne, il a été entendu qu'après les prélèvements nécessaires pour la consommation australienne locale, tout le surplus de la viande produite par l'Australie serait réservé au gouvernement britannique et deviendrait sa propriété à partir du moment où la viande est mise dans les chambres froides. La durée de l'arrangement devait couvrir la période de la guerre et six mois après « la déclaration de la paix ».

Par le fait de cet arrangement, qui mettait la production australienne en présence d'un seul acheteur et pour des quantités immenses, les éleveurs australiens en général se sont trouvés dans une situation vraiment favorable ; ils bénéficiaient de l'assurance du lendemain, de prix stables et de la garantie d'être réglés à échéances fixes par un bon payeur. Aussi a-t-on l'impression qu'ils verraient sans déplaisir la continuation d'un pareil système. Néanmoins, comme les achats de l'Angleterre vont être forcément diminués par l'entrée définitive dans le régime de la paix, il est vraisemblable que ses demandes ne suffiront plus à absorber la production australienne dans son entier. Aussi les producteurs de la Commonwealth se préoccupent-ils de trouver de nouveaux marchés ou du moins de continuer à fournir tels marchés qu'ils ont approvisionnés durant la guerre par l'intermédiaire de l'Angleterre, le marché français par exemple.

Sans nous prononcer sur la question délicate de la quantité de viande de bœuf et de mouton que la France serait en mesure d'absorber, soit maintenant, soit lorsque nous serons revenus à un état de production normale, il est cependant intéressant d'indiquer ici brièvement en face de quels vendeurs

éventuels les acheteurs français en Australie seraient susceptibles de se trouver. Les achats (si on les envisage) peuvent
se faire, soit par l'intermédiaire du gouvernement de la Commonwealth, soit par celui des divers États australiens, soit
par les *freezing works* (compagnies frigorifiques). Certains
freezing works recommandent eux-mêmes que les commandes
se fassent par l'entremise du gouvernement de la Commonwealth, qui, faisant le contrat, se porterait garant de la fourniture vis-à-vis de l'acheteur et des paiements vis-à-vis du vendeur. D'autres freezing works au contraire préconisent l'achat
par l'intermédiaire des divers Etats australiens spécialisés
dans telle ou telle production, le Queensland pour le bœuf
par exemple, la Nouvelle-Galles du Sud pour le mouton.
Dans ce cas, il faudrait entrer en rapport, soit directement
avec le gouvernement de l'État intéressé, soit avec son agent
général à Londres, soit avec tel représentant spécialement ac-
crédité par lui. On pourrait enfin s'adresser directement à tel
ou tel freezing work, par l'intermédiaire de son agent à
Londres, quoique les compagnies recourent volontiers au procédé du contrat collectif par l'intermédiaire du représentant
officiel de l'État australien auquel elles appartiennent. Pendant la période immédiate à venir, la grosse difficulté de ces
achats demeurera naturellement le fret disponible — question
qui naturellement dépasse complètement le sujet de cette
brochure.

A côté de la viande de bœuf et de mouton, il y a lieu de
signaler comme pouvant être largement fournies par l'Australie les viandes de cheval et de lapin, toujours sous la forme
congelée naturellement. On sait en effet quel est le pullule-
ment du lapin dans la Commonwealth. D'autre part, la guerre
a eu pour effet de développer, dans des proportions considérables, la production de la viande de conserve (*canned meat*).
La préparation en est faite, par les usines spécialisées, avec
intelligence et avec soin ; les langues, les queues, les rognons,
cœurs, foies, tripes et cervelles sont également empaquetés
pour la vente, à l'état congelé, dans des sacs ou dans des caisses.

Comme produits annexes, il convient de mentionner les suifs, seul produit des freezing works dont le gouvernement anglais s'est désintéressé pendant la guerre et qui s'est en conséquence accumulé en grandes quantités. Les freezing works australiens produisent tant le suif pour le savon que les suifs de très belle qualité destinés à faire la margarine et produits sous le nom de « premier jus ». En ce qui concerne les cuirs enfin, la Grande-Bretagne absorbait naguère 60 pour 100 de la production australienne totale du temps de paix. 40 pour 100 restaient en Australie pour le tannage ; 35 pour 100 aboutissaient en Angleterre sous forme de cuir tanné ; le reste était conservé dans la Commonwealth pour les besoins locaux. Le tannage se fait en Australie presque exclusivement avec l'écorce de mimosa (wattle tree).

Ainsi qu'on le voit, la production australienne de viande et produits annexes est fort importante. La guerre a fait connaître cette viande en Europe et lui a ainsi procuré des débouchés exceptionnels ou temporaires, qu'elle vise maintenant à conserver. Sans entrer ici dans des discussions qui sont de compétence exclusivement gouvernementale, nous sommes certains que la France, dans le régime qu'elle adoptera pour l'importation des viandes étrangères, voudra toujours se souvenir du rôle joué par l'Australie pendant la guerre et ne pas la traiter moins bien que tout autre vendeur.

III. — LES FRUITS, LE BEURRE ET LE FROMAGE.

Parmi les productions secondaires que l'Australie cherche à développer non seulement pour le marché local mais pour l'exportation se trouve celle des fruits. Le gouvernement fédéral, les gouvernements d'États s'y emploient avec activité. Du point de vue des ventes destinées à l'Europe, un avantage notable réside dans ce fait que la saison australienne commence au moment où celle de l'Europe s'achève. Jusqu'à présent toutefois la capacité de consommation des villes australiennes a été suffisante pour absorber la plus grande partie de la production, exception faite toutefois pour la Tasmanie qui est largement exportatrice.

La nature des fruits cultivés varie suivant les États, en raison de la différence des climats. Les principales variétés cultivées en Victoria sont les pommes, prunes, pêches, abricots, cerises. En Nouvelle-Galles du Sud, les pommes, pêches, abricots, prunes dominent dans la partie méridionale qui est tempérée, tandis que les oranges et citrons sont la principale culture de la partie septentrionale, dont le climat s'approche déjà de celui des tropiques. Dans le Queensland, qui est franchement tropical, on cultive surtout les bananes, oranges, ananas, pêches et mangos. En Sud Australie, ainsi qu'en Australie occidentale, en plus des pommes, pêches, abricots, prunes, oranges et citrons, on récolte le mango, l'olivier et la figue. Enfin, en Tasmanie, où les fruits des climats tempérés réussissent particulièrement bien, les pommes fournissent les quatre cinquièmes de la production. On y cultive également beaucoup la groseille et la framboise.

De nombreuses régions de l'Australie se prêtent donc en somme fort bien à la culture fruitière; mais cette culture, de même que toutes les autres productions australiennes, souffre de la rareté de la main-d'œuvre. Les vergers, la plupart du temps, sont entre les mains de petits cultivateurs qui les exploitent en famille. Quand la cueillette, comme c'est le cas pour l'olivier, exige une main-d'œuvre abondante, les producteurs se heurtent fréquemment à de très graves difficultés.

L'exportation australienne de fruits frais a été jusqu'ici dirigée sur l'Angleterre, l'Allemagne, la Nouvelle-Zélande, les Indes, dont les demandes ont aisément suffi à absorber l'excédent de production disponible. Pendant la guerre, en raison de l'impossibilité d'expédier les fruits, il y a eu, principalement en Tasmanie, une mévente qui a pesé assez lourdement sur le producteur. L'Australie commence d'autre part à exporter des fruits secs en Amérique et en Nouvelle-Zélande. Quant à l'industrie de la confiture, elle a pris un grand essor pendant les cinq dernières années, du fait des commandes énormes des gouvernements alliés pour leurs armées. Les exportations de confitures, qui étaient de £ 79 000 en 1915, ont passé à 428 000 en 1916 et à 942 000 en 1917. Les hauts cours pratiqués pendant la guerre ont permis aux fabricants australiens de produire avec bénéfice malgré le prix élevé du sucre en Australie. Les demandes mondiales de confitures risquent maintenant de baisser, aussi les Australiens se préoccupent-ils de trouver des débouchés, ou plutôt de conserver, en vue de ventes à la consommation civile, les marchés sur lesquels ils avaient surtout servi les armées.

En ce qui concerne l'industrie laitière (beurre et fromages), l'Australie, qui n'a pas encore atteint le développement de la Nouvelle-Zélande à cet égard, est appelée vraisemblablement à un joli avenir. Déjà, avec l'adoption de méthodes plus scientifiques pour le soin des animaux et pour la fabrication, avec l'organisation d'une surveillance plus effective de la part de l'État, elle a fait de grands progrès. La douceur du climat permet de conserver les animaux dehors toute l'année. Par contre d'autres circonstances sont de nature à entraver le plein développement de l'industrie laitière : la rareté de la main-d'œuvre risque de la confiner entre les mains de petits fermiers travaillant avec leurs propres enfants; d'autre part la difficulté de se procurer de l'eau dans nombre de districts ainsi que le manque de moyens pratiques de transports risquent de réduire assez sérieusement les régions où les vaches à lait ont chance de prospérer. C'est ce qui explique que les laiteries ne se rencontrent guère que sur les côtes, le long des vallées ou dans le voisinage des villes et des gares de chemins de fer.

Le système des coopératives commence à se répandre dans les divers États australiens : elles ont eu pour résultats de diminuer les frais de la fabrication et de mettre en application les procédés les plus perfectionnés (réfrigérateurs, pastorisateurs, etc.). Les produits sont aussi de qualités plus uniformes. Du reste, le nombre des fermiers faisant le beurre eux-mêmes diminue rapidement. En 1916, le nombre des

fabriques de beurre, fromage ou lait condensé était de 557,
dont 190 en Victoria, 167 en Nouvelle-Galles, 122 en Queensland, 44 en Sud Australie, 31 en Tasmanie, 3 en Australie
occidentale. Il y avait, dans cette même année, 1 747 000 vaches
à lait.

Le beurre et le fromage fabriqués en Australie sont généralement de bonne qualité. Les beurres sont toujours légère-
ment salés. L'Australie fabrique uniquement le fromage du
type « cheddar ». Trois États seulement commencent à faire
du lait condensé, Victoria, Nouvelle-Galles du Sud et Queensland. Quant à l'exportation du beurre et du fromage australiens, elle est jusqu'ici restée, quoique d'importance appré-
ciable, l'une des exportations secondaires de l'Australie. La
quantité de beurre exportée en 1916-17 a été de 75 360 000 livres
poids anglaises, dont l'Angleterre a pris la presque totalité.
La quantité de fromage exportée la même année a été de
10 500 000 livres poids anglaises, dont les neuf dixièmes ont
été pris par l'Angleterre et la presque totalité du reste par
l'Inde Britannique. Sans qu'on nous ait explicitement exprimé
le désir de trouver en France un débouché pour les beurres
et fromages australiens, il est vraisemblable que l'Australie
cherchera un jour ou l'autre de nouveaux débouchés pour sa
production dans ces articles.

IV. — Le blé.

La superficie cultivée en blé était en 1901 de 5 666 614 acres
et en 1917-18 de 9 698 221 acres. La superficie cultivée en blé,
pendant les dix années antérieures à 1917, a été en moyenne
de 8 252 000 acres. Cette culture était répartie presque exclusivement entre trois États, la Nouvelle-Galles du Sud
(3 232 700 acres), Victoria (2 690 216) et Sud Australie
(2 555 682). Ces trois États fournissaient à eux seuls 85 pour 100
de la superficie totale cultivée en blé. L'Australie occidentale
venait ensuite.

Le rendement général moyen, pour les dix années précédant 1917, a été de 11 boisseaux à l'acre, ce qui fait environ 7 quintaux et demi à l'hectare. D'une façon continue le rendement le plus fort se rencontre chaque année en Tasmanie. Ces rendements pourront sembler faibles, mais il ne faut pas oublier que l'Australie reste toujours un pays de culture extensive, où le fumier de ferme n'existe pas et où la sécheresse demeure toujours une menace. Même dans les années de sécheresse, toutes autres conditions demeurant égales, la Tasmanie conserve des rendements sensiblement supérieurs. Pendant l'année de grande sécheresse qu'était 1914, le rendement tasmanien est resté par exemple de 16 boisseaux, contre 1.41 en Sud Australie, 1.58 en Victoria et 4.65 en Nouvelle-Galles.

La production, qui était en 1901 de 48 353 402 boisseaux, a atteint 103 344 132 boisseaux en 1915 et 115 237 118 en 1917-18. Pendant l'année de sécheresse de 1914, la production totale était tombée à 24 892 402 boisseaux.

L'exportation, qui était en 1901 de 24 775 216 boisseaux, a passé en 1913 à 54 003 077 et en 1917-18 à 69 807 482 boisseaux. Elle était tombée, pendant l'année de sécheresse 1914, à 5 239 906 boisseaux. A titre de renseignement, les prix au boisseau étaient en 1907 de 3 sh. 4 d., en 1909 de 4 sh. 2 d., en 1911 3 sh. 6 d., en 1913 3 sh. 9 d., en 1915 5 sh. 7 d., en 1917 4 sh. 10 d. Comme on le sait, les grands pays exportateurs de blé étaient avant la guerre les États-Unis, la Russie, l'Argentine. Venaient ensuite la Roumanie, le Canada, les Indes Britanniques, l'Australie. Les principaux clients de blé australien étaient, avant 1914, le Royaume-Uni essentiellement, et accessoirement l'Afrique du Sud, la France, l'Italie, la Belgique, le Japon.

En ce qui concerne les conditions du commerce du blé pendant la guerre, le Gouvernement britannique s'est, dès 1915, réservé le droit d'acheter tout le blé australien, après toutefois que les besoins locaux auraient été servis, régime devant être valable pour la durée de la Guerre. Poussés par le Gouvernement de la Commonwealth à développer leur production de blé, les cultivateurs australiens se rendant compte des difficultés de transport et de conservation du blé, ainsi que des délais à redouter dans les paiements, ont instamment sollicité l'État de prendre l'initiative d'une combinaison leur donnant des garanties. Les gouvernements de la Commonwealth et des quatre États grands producteurs de blé (Nouvelle-Galles, Victoria, Sud Australie, Australie occidentale) décidèrent donc de prendre en main le contrôle de la récolte du blé et de faire les arrangements nécessaires pour la réception, le placement, l'embarquement et la vente de la récolte. Ils décidèrent en outre de garantir le paiement au fermier par un système d'avances dont nous ne croyons pas devoir donner ici le détail. Les cultivateurs semblent avoir d'une façon générale accueilli avec faveur le régime en question, dans lequel ils ont trouvé une réelle fixité des prix, des conditions de paiement sans aléa, en un mot l'assurance du lendemain.

Quel que doive être demain le régime adopté en Australie pour le commerce extérieur du produit qui nous occupe, la Commonwealth est assurée de jouer sur le marché mondial un rôle toujours important, non seulement parce que son surplus exportable de blés est considérable, mais parce que ces blés, récoltés généralement très secs, sont d'une conservation très satisfaisante et jouissent d'une excellente réputation.

CHAPITRE VII

LA PRODUCTION MINIÈRE

Nous avons dit la place porportionnelle tenue par les mines dans la production générale de l'Australie : il s'agit, pour 1913, de 11.8 pour 100. Sans être principalement un pays minier, la Commonwealth possède donc une production minière importante et qui semble du reste appelée à un grand avenir. Sans prétendre traiter ici la question minière, qui sort de notre compétence et du cadre de cette brochure, nous nous contenterons de donner quelques chiffres essentiels.

D'après les statistiques de l'*Official Year Book*, la valeur de la production minière totale de l'Australie, depuis le début de la colonisation australienne jusqu'à la fin de l'année 1916, s'élève à un total de £ 904 437 387, dont les principaux chapitres sont :

	£
Or	579 553 682
Argent et plomb	86 520 665
Cuivre	75 679 589
Étain	35 480 347
Charbon	96 213 256

En 1916, le détail de la production minière australienne a été le suivant :

	£
Alunite	2 650
Antimoine	95 154
Bismuth	27 264
Charbon	4 118 201
Coke	587 571
Cuivre	4 650 880
A reporter	9 261 720

	£
Report	9 261 720
Diamants.	1 575
Pierres précieuses	14 755
Or	7 074 675
Gypse	19 678
Fer	197 085
Oxyde de fer.	202 802
Ironstone flux	59 159
Kaolin	4 574
Plomb	894 050
Calcaires	91 687
Manganèse	7 236
Molybdène	56 480
Opale	22 523
Platine	687
Sel	83 000
Scheelite	14 157
Ecaille	19 058
Argent	404 775
Plomb argentifère	5 106 112
Etain	927 926
Wolfram	126 411
Zinc	962 479
Divers	88 270
	25 620 608

Comme on le voit, les principaux produits miniers de l'Australie sont, par ordre d'importance, l'or, le cuivre, le charbon, le plomb argentifère, le zinc, l'étain, le plomb. L'or est surtout produit en Australie occidentale (Kalgoorlie), en Victoria et en Queensland; le cuivre, en Queensland et secondairement en Tasmanie et en Sud Australie; le charbon, en Nouvelle-Galles du Sud (Newcastle); le plomb argentifère, en Nouvelle-Galles du Sud (Broken Hill); le zinc, en Nouvelle-Galles du Sud (Broken Hill); l'étain, en Tasmanie et en Nouvelle-Galles du Sud; le plomb, en Nouvelle-Galles du Sud.

En ce qui concerne les diverses industries dérivées de cette production, l'Australie possède dès aujourd'hui une importante industrie métallurgique, principalement à Lithgow et à Newcastle (Nouvelle-Galles du Sud). La Commonwealth raffine sur place la totalité de sa production de cuivre, dans les usines de Port Kembla (Nouvelle-Galles) et de Wallaroo et Moonta (Sud Australie). Le traitement du plomb se fait à Port Pirrie (Sud Australie), Newcastle (Nouvelle-Galles), Freemantle (Australie occidentale). Quant au traitement du zinc, que l'Australie se propose du reste de développer, il se fait, soit à Port Pirrie (par le procédé de la distillation), soit à Hobart, en Tasmanie (par le procédé électrolytique).

Nous n'avons pas à traiter ici la question de la politique minière de la Commonwealth pendant la Guerre. Disons seulement que le Gouvernement fédéral, représenté notamment par M. Hughès, a apporté la plus grande énergie à la défense des ressources minières australiennes contre les entreprises allemandes et à l'affectation de ces ressources aux besoins des Alliés. Dans ce problème, comme du reste dans tous les autres, l'Australie s'est montrée, pendant les redoutables années du grand conflit, d'un dévouement complet à la cause de l'Entente.

CHAPITRE VIII

LES CONDITIONS DE LA PRODUCTION INDUSTRIELLE EN AUSTRALIE

Sur une production totale, évaluée pour l'année 1915 par l'*Official Year Book of the Commonwealth of Australia* à £ 251 189 000, la production industrielle figure pour £ 62 883 000, soit pour un peu moins du quart. L'Australie ne doit pas en effet être considérée principalement comme un pays industriel.

Ce n'est pas que les circonstances naturelles soient nécessairement opposées à son développement dans ce sens. Elle possède sur place nombre de matières premières utiles à l'industrie, le charbon ne lui manque pas (production en 1915 : 12 417 866 tonnes), le minerai de fer y existe également en abondance. L'éloignement même où se trouve la Commonwealth est une raison qui l'incite à tenter de se suffire à elle-même : se sentant une nation, l'Australie vise très naturellement à se donner l'indépendance économique d'une nation. L'exemple grandiose des États-Unis est là, qui se présente sans cesse à la pensée des Australiens comme un splendide modèle à suivre.

Mais, ces facteurs favorables étant énumérés, il convient de ne pas se dissimuler que certains obstacles s'opposent à un développement rapide et sur une large échelle de l'industrie australienne. La population de la Commonwealth, estimée pour 1917 à 4 895 894 habitants, ne fournit pas à la production un marché local suffisamment important pour permettre à l'industrie — à supposer qu'elle n'exporte pas — de trouver sur place les débouchés dont elle aurait besoin pour

justifier un considérable accroissement. Sans doute, en raison
de son aisance, de sa générosité, de ses habitudes de vie
large, l'Australien apparaît-il comme doué d'un fort pouvoir
de consommation; à cet égard, comme à d'autres, il y a la
quantité et la qualité : les Australiens ont indéniablement la
qualité. Néanmoins, la Commonwealth ne l'ignore pas, le
facteur population ne saurait être méconnu dans une politique
de développement économique et notamment industriel de
cet immense continent.

L'une des premières conséquences du caractère limité de la
population australienne a été la rareté ou plutôt la cherté de
la main-d'œuvre. Sans doute la situation dans l'industrie
n'est-elle pas aussi difficile que dans l'agriculture, car la vie
des grandes villes australiennes est plaisante et attirante :
heures de travail limitées, parfaite liberté en dehors de l'usine,
distractions nombreuses. Cependant la caractéristique traditionnelle des salaires australiens est leur élévation. Et dès
qu'une industrie est nécessairement localisée par sa nature en
dehors des grandes cités, il devient malaisé d'y retenir une
population de travailleurs. Si les circonstances mondiales ont
à ce point changé depuis la guerre que les salaires européens
sont en réalité plus élevés à l'heure qu'il est que les salaires
australiens, il n'en reste pas moins vrai qu'en période normale d'avant-guerre, la main-d'œuvre australienne était l'une
des plus coûteuses du monde.

Les hauts salaires n'ont jamais du reste été par eux-mêmes
un empêchement au développement industriel, les États-Unis
en fournissent la preuve évidente. Mais il faut pour cela que
la productivité du travail s'accroisse en proportion de sa
rémunération. Or, en Australie, comme partout ailleurs,
disons-le, la productivité du travail, considérée dans ses relations avec le salaire, tend à rester stationnaire ou même à
diminuer. L'une des raisons semble être la marge insuffisante
qui existe entre le salaire minimum de l'ouvrier non-qualifié
et celui du spécialiste, le premier n'étant pas dans ces conditions incité à faire un effort pour perfectionner ses capacités

de production; le salaire minimum, tel qu'actuellement fixé
en Australie, est en effet suffisant pour satisfaire à la rigueur
un jeune homme non marié sans ambitions extraordinaires.
L'industrie australienne a donc quelque peine à recruter de
bons techniciens, ce qui est un obstacle à la création d'une
grande variété d'industries. Le travail aux pièces, introduit
pendant la guerre dans diverses grandes usines, y a donné de
bons résultats, mais il est mal vu des organisations ouvrières
et il n'est pas sûr qu'il doive être maintenu.

L'éloignement même de l'Australie l'incite, nous le disions
tout à l'heure, à la création d'industries indépendantes de
l'étranger. Mais d'autre part cet éloignement rend aussi la
production plus coûteuse : à pareille distance, toutes les
machines ne pouvant être fabriquées sur place, le prix d'un
matériel d'usine est souvent exorbitant. Il faut non seulement
du temps et de l'argent pour faire venir les machines, mais
aussi des spécialistes pour les monter. D'une façon générale,
les spécialistes sont difficiles à trouver, non pas trop s'il
s'agit simplement de venir passer quelques mois en Australie,
mais s'il est question de s'y fixer définitivement. Le Gouvernement de la Commonwealth se rend très bien compte de
l'importance vitale de la question et est disposé à faire de
grands efforts pour constituer une classe de techniciens.

Il résulte de cet ensemble de circonstances que les prix de
revient de la production industrielle australienne ont été jusqu'ici élevés et qu'elle n'a pas été, d'une façon générale, en
mesure d'exporter avec succès sur le marché mondial. Elle
s'est largement installée sur le marché local, mais à l'abri
d'une barrière douanière. Cette barrière sera certainement
maintenue dans l'avenir, car l'Australie a la ferme volonté
d'être une nation industrielle : ouvriers et patrons sont d'accord pour demander des droits de douane élevés, que ni le
gouvernement, ni l'opinion publique ne leur refusent. Dans
ces conditions, l'industrie australienne s'est développée un
peu dans toutes les directions et il n'est pour ainsi dire pas de
fabrication qui n'y soit, au moins partiellement, représentée.

Au point de vue des articles et des qualités que la France est susceptible d'exporter, cette circonstance a un double effet. D'abord, nous rencontrons et rencontrerons de plus en plus, pour un très grand nombre de produits, la concurrence de manufacturiers locaux, qui maintiendront avec énergie — c'est évident et du reste naturel — leurs demandes d'une efficace protection. Mais d'autre part, l'industrie australienne ne produit pas et ne produira sans doute pas de longtemps toutes les qualités demandées par la clientèle. Dans les articles supérieurs notamment, elle ne peut lutter contre le fini, contre la perfection de notre production. Une place importante reste donc ouverte à nos exportations et pourra difficilement lui être contestée. Nous sommes persuadés que les intérêts de l'industrie australienne ne sont pas nécessairement en opposition avec ceux de l'industrie française : chacune d'elles a en réalité son domaine propre, et il devrait être possible de les départager.

La Guerre a exercé une influence singulière sur l'industrie de la Commonwealth. La rareté croissante de la main-d'œuvre (due à l'envoi en Europe d'une force expéditionnaire considérable), le prix de plus en plus excessif des machines et des matières premières ont sans doute constitué un obstacle à son développement. Mais d'un autre côté les demandes sans mesure des belligérants, le niveau extraordinaire des prix de vente, la disparition de fait d'une partie considérable des fournisseurs européens habituels de l'Australie, enfin l'absence de fret aboutissant à une sorte de prohibition de fait des importations, toutes ces raisons ont fortement stimulé la production industrielle locale en lui fournissant l'occasion de bénéfices élevés et faciles. Comme partout, les industriels se sont habitués, tout en produisant cher, à vendre plus cher encore; ils se sont partiellement déshabitués de certaines concurrences extérieures. Ils ont même pu prendre pied sur certains marchés du Pacifique, tels que la Nouvelle-Calédonie, les Iles... et ils auront la très naturelle ambition de s'y maintenir. Sans qu'il soit facile de dire si l'ensemble de l'industrie australienne s'est beaucoup accrue, il est certain que diverses maisons ont grandement accru leur chiffre d'affaires et de bénéfices.

La réapparition de la concurrence européenne, la renaissance des communications maritimes, une baisse possible des prix mondiaux auront vraisemblablement pour conséquence de rendre nécessaires certains réajustements. Quelques industries trop hâtivement conçues, dans des conditions de prix de revient ne convenant plus à des circonstances transformées, disparaîtront peut-être. Mais l'industrie australienne subsistera et les vendeurs étrangers devront compter avec elle dans un très grand nombre de branches de leur activité. Ceci d'autant plus que les salaires mondiaux s'élèvent avec rapidité et que l'Australie n'est sans doute plus, dès maintenant, le pays de l'Himalaya des traitements ouvriers.

CHAPITRE IX

LES PRINCIPALES INDUSTRIES AUSTRALIENNES

D'après les dernières statistiques officielles de la Commonwealth, la situation et le développement des industries
australiennes, en 1915 et 1916, se sont présentés de la façon
suivante :

	191	1916
Nombre d'industries.	15 536	15 010
Nombre d'ouvriers	557 101	516 917
Salaires payés.	53 606 087	33 828 840
Valeur des matières employées	96 407 477	105 180 445
Accroissement de valeur apportée aux produits	65 153 286	67 394 400
Valeur de la production	161 560 763	172 574 845
Valeur des terrains et bâtiments	56 872 720	40 696 355
Valeur des installations et machines.	56 956 831	45 895 591

Il ressort de ces chiffres, qui doivent faire autorité, que
l'industrie australienne, prise dans son ensemble, ne s'est pas
accrue dans de notables proportions, du moins pendant les
trois premières années de la guerre. Nous devons dire cependant qu'en 1918, année de la visite de la Mission, l'industrie
australienne donnait une impression de réelle prospérité et
de croissante activité. Encore que certaines branches aient pu
pâtir de la guerre, il n'est pas douteux qu'un grand nombre
d'industries ont profité des circonstances et voudront consolider les progrès acquis. Nous nous attacherons surtout, dans
ce chapitre, à donner les principaux chiffres permettant de se
rendre compte de l'importance respective des différentes
industries australiennes.

Si l'on considère le *nombre des usines*, les principales industries sont (1916) :

Industries du vêtement et textiles.	3 085 établissements
Alimentation et boissons.	2 372 —
Métallurgie et machines.	1 832 —
Bois.	1 634 —
Carrosserie, etc.	1 334 —
Livres, impression, papeterie. . .	1 225 —

D'après le *nombre des ouvriers employés*, les principales industries sont :

Industries textiles et du vêtement.	80 292 ouvriers
Métallurgie et machines.	65 850 —
Alimentation et boissons	48 272 —
Livres, impression, papeterie . . .	24 890 —
Bois, ameublement, etc.	23 336 —

Du point de vue des *salaires payés*, les principales industries sont :

Métallurgie et machines. . . . . . £	9 022 975
Vêtements et textiles.	5 373 010
Alimentation et boissons	5 257 491

Suivant la *valeur de la production*, les industries se classent ainsi :

Alimentation et boissons . . . . £	58 926 637
Métallurgie et machines	34 486 648
Textiles et vêtement.	20 748 970

Il pourra être intéressant de donner d'autre part le chiffre de production de l'ensemble des industries australiennes en 1916, suivant la classification officielle par groupes. Il faut naturellement tenir compte des corrections que nécessite l'enflure des prix due à la guerre, mais on obtient ainsi une idée de l'importance relative des divers groupes :

Industries des produits de la terre et dérivés. £	14 253 070
Graisses et huiles	2 745 751
Pierres, poteries, verrerie, etc	3 486 689
Bois.	8 702 279
A reporter.	29 187 789

Report	29 187 789
Métallurgie et machines	34 486 648
Alimentation et boissons	58 926 637
Habillement et textiles	20 748 970
Livres, impression, etc.	7 931 229
Instruments de musique	178 138
Armes et explosifs	894 647
Carrosserie, sellerie, etc.	3 232 586
Constructions navales	1 177 340
Ameublement	2 642 954
Produits chimiques	3 835 333
Instruments scientifiques et chirurgicaux	76 231
Bijouterie et orfèvrerie	634 051
Distribution de force, lumière, chauffage	6 214 469
Maroquinerie	646 401
Articles divers	1 741 442
Total	£ 172 571 845

Il peut être intéressant de noter que, sur ce chiffre total de production, la Nouvelle-Galles du Sud figure pour une somme de £ 70 989 864, soit 41 pour 100 de l'ensemble ; Victoria vient ensuite avec 29 pour 100 ; puis le Queensland avec 14 pour 100. Les autres États australiens restent jusqu'ici peu développés au point de vue industriel. Faisons observer d'autre part que le développement industriel de la Nouvelle-Galles du Sud est relativement récent, car, avant la fédération, Victoria était le principal État manufacturier.

Donnons maintenant, soit d'après l'enquête de la Mission auprès des Chambres de commerce et de manufactures, soit d'après divers documents (tels que l'*Official Year-Book of the Australian Commonwealth* ou le *Directory of Australian manufacturers* pour 1917-18) la liste des industries qui témoignent actuellement de l'activité :

Alimentation :

Biscuiterie,
Lait condensé,
Bonbons,
Fruits en conserve,
Confitures,
Conserves de viande,

Beurres et fromages,
Sucreries.

Boissons :

Vins, bières, cognacs, sirops et limonades.

Habillement et textiles :

Lavage, délainage, peignage, filature et tissage de laine,
Bonneterie de laine.
Confection,
Chemiserie, cols, articles pour hommes, lingerie,
Chapeaux de feutre, de paille, formes pour femmes,
Couvertures,
Chaussures.

Métallurgie et machines :

Plaques, rails, grosse métallurgie, tréfilerie.
Locomotives,
Construction navale, chaudronnerie,
Tôles de fer galvanisées,
Fonderie,
Tuyauterie,
Raffinage du zinc, du cuivre, du plomb,
Machines agricoles,
Articles de cuir : sellerie, maroquinerie, articles de voyage,
  courroies,
Ameublement (principalement meubles de bureaux, matelas
  et sommiers métalliques),
Carrosserie,
Articles de caoutchouc (pneus, tuyaux, sandales, jouets),
Parfumerie, savonnerie,
Grosse brosserie,
Bougies,
Vernis,
Engrais chimiques, désinfectants,
Appareils sanitaires, bains, lavabos, appareils de chauffage par
  le gaz,
Bijouterie et orfèvrerie,
Articles de Paris, sacs de dames,
Ciments,
Tuilerie,
Tannerie,
Papeterie.

Comme on le voit par cette liste, l'industrie australienne
s'attaque à une extrême variété de fabrications. Si l'on

consulte le *Directory of Australian manufacturers*, il n'est pour ainsi dire pas un article qui n'y soit indiqué comme étant fabriqué en Australie. Sans doute ne s'agit-il pas nécessairement de grandes usines, ni de production étendue; et c'est ce qui explique que, malgré le grand nombre de ses établissements manufacturiers, l'Australie reste largement importatrice de produits ouvrés.

Indiquons maintenant les industries qui ont particulièrement bénéficié dans leur développement des circonstances créées par la guerre :

Alimentation :

    Bonbons et chocolats,
    Confitures.

Métallurgie : toute la métallurgie en général, et par exemple :

    Roues pour locomotives,
    Tréfilerie,
    Tôles galvanisées,
    Accumulateurs électriques,
    Petit outillage et matériel de construction,
    Machines agricoles,
    Clouterie,
    Machines à coudre,
    Construction navale,
    Armes.

Textiles et habillement :

    Peignage et filature de laine, tissage de laine,
    Bonneterie de laine,
    Lingerie,
    Tannerie,
    Ameublement,
    Caoutchouc,
    Parfumerie, savonnerie,
    Bijouterie, orfèvrerie,
    Allumettes,
    Ciment pour couvertures de maisons,
    Tuilerie,
    Carrosserie,
    Colles et vernis [1].

---

1. En ce qui concerne la concurrence éventuelle que ces diverses industries sont de nature à faire à nos exportations, nous renvoyons aux commentaires que nous faisons plus loin sur les articles intéressant spécialement la France au sujet de leur vente en Australie. Voir Chapitre XIV.

DEUXIÈME PARTIE

Le commerce extérieur de l'Australie.

CHAPITRE X

LE COMMERCE EXTÉRIEUR DE L'AUSTRALIE

Le commerce extérieur de l'Australie s'est élevé, dans les quinze dernières années, aux chiffres suivants (en milliers de £) :

ANNÉES	EXPORTATIONS	IMPORTATIONS	TOTAL
	£	£	£
1905.	56 841	38 347	95 188
1906	69 758	44 745	114 483
1907.	72 824	51 809	124 633
1908.	64 311	49 799	114 110
1909.	65 319	51 172	116 491
1910.	74 491	60 014	134 505
1911.	79 482	66 968	146 450
1912.	79 096	78 159	157 255
1913.	78 572	79 749	158 321
1914-15.	60 593	64 432	125 025
1915-16. . . .	74 778	77 521	152 299
1916-17. . . .	97 955	76 229	174 184

Comme on le voit, les années qui ont précédé la guerre ont été marquées par des excédents d'exportations. Ces excédents se manifestaient d'une façon régulière depuis 1892, date à laquelle, comme on le sait, les prix mondiaux commencèrent à monter. La prospérité d'un pays essentiellement producteur de matières premières ou de produits d'alimentation est étroitement liée à toute hausse durable des prix. Si les chiffres des années de guerre ne paraissent pas refléter (du moins jusqu'en 1916-17) une prospérité particulière, c'est que des répercussions contradictoires se sont exercées, du fait de la guerre, sur le commerce extérieur de l'Australie. Malgré que les exportations montrent un tassement en 1914-15 et 1915-16, le pays s'est certainement enrichi durant la guerre, car, du fait de la réquisition pour le compte de l'Angleterre des principaux produits australiens, les producteurs ont été effectivement payés, dans nombre de cas, pour des marchandises livrées par eux, mais qui n'ont pas toujours pu être entièrement exportées.

Si, d'autre part, les importations ont diminué depuis la guerre (diminution dont la hausse des prix augmente encore la portée), ce n'est pas que l'argent ait manqué en Australie pour acheter au dehors, mais parce que, du fait du manque de fret ou du fait de certaines interdictions, elles ont été rendues matériellement difficiles.

La coïncidence de la richesse produite par les exportations ou du moins par les ventes australiennes et de la difficulté des importations a permis à l'industrie locale un incontestable développement. On peut s'attendre, maintenant que le fret reparaît, à une reprise des importations, qui peut être intéressante pour le commerce d'exportation français, si celui-ci sait en profiter.

Nous étudierons successivement les exportations et les importations de l'Australie, en nous arrêtant spécialement aux résultats de deux années typiques, 1913 pour les conditions normales d'avant-guerre, 1916-17[1] pour les conditions de guerre.

L'année 1916-17 va du 1er juillet 1916 au 30 juin 1917.

I. — Les exportations australiennes.

Pour 1913 et 1916-17, les exportations australiennes se sont élevées à £ 78 571 769 et £ 97 955 489. Si l'on analyse leur composition, on trouve les principales catégories suivantes :

	1913	1916-17
	£	£
Produits d'alimentation d'origine animale. . .	11 478 691	15 581 421
Produits d'alimentation d'origine végétale. . .	10 810 392	19 263 406
Boissons non alcooliques	70 772	200 580
Boissons alcooliques.	154 059	226 857
Tabac.	127 529	201 619
Animaux vivants.	300 618	399 067
Substances animales, etc.	52 339 857	51 697 605
Substances végétales	223 244	318 836
Tissus et habillement	270 278	675 455
Huiles, etc.	2 574 952	1 655 249
Peintures et vernis	14 006	16 192
Pierres	1 154 824	472 359
Monnaies	2 191 945	11 520 336.
Minerais, métaux non manufacturés.	12 724 126	11 759 798
Métaux partiellement manufacturés	51 010	334 576
Métaux manufacturés	649 300	555 069
Cuirs	759 905	1 565 865
Bois, etc.	1 019 278	559 939
Poteries, faïences, porcelaines.	29 327	66 723
Papiers et papeterie.	146 318	123 703
Bijouterie, etc.	259 992	70 513
Instruments, etc.	71 873	96 541
Produits chimiques et pharmaceutiques. . . .	529 113	558 267
Divers	810 080	667 710

Il résulte de ce tableau que seules quatre de ces catégories comptent vraiment dans les exportations australiennes : les produits d'alimentation d'origine animale, les produits d'alimentation d'origine végétale, les substances animales, les minerais et métaux. Ces quatre catégories entrent respectivement pour les pourcentages suivants dans l'ensemble des exportations :

	1913	1916-17
Produits d'alimentation d'origine animale . .	14,5 p. 100	15 p. 100
Produits d'alimentation d'origine végétale. .	13,7 —	19 —
Substances animales	41 —	35 —
Minerais et métaux.	16 —	12 —

soit 84,2 pour 100 de l'ensemble en 1913, et 79 pour 100 en 1916-17.

Les principaux produits dans chacune de ces catégories sont les suivants :

Produits alimentaires d'origine animale.

	1913	1916-17
	£	£
Viandes	7 716 000	8 931 158
Beurres	3 586 000	5 433 751

Produits alimentaires d'origine végétale.

	1913	1916-17
	£	£
Grains et farines.	11 344 182	17 275 601
Fruits frais, secs et de conserve.	455 357	649 629
Confitures	29 402	949 112

Substances animales :

	1913	1916-17
Laines	26 277 062	28 953 338
Peaux	5 546 067	2 275 648

Minerais et métaux :

	1913	1916-17
Cuivre	2 379 300	4 517 066
Zinc	2 243 346	1 084 508
Argent et plomb argentifère . .	1 895 922	850 225
Or	1 376 029	131 189
Plomb	1 347 715	4 150 045

En somme, les grands produits d'exportation de l'Australie sont : la laine, la viande, les grains, les peaux, les beurres, les minerais et métaux. La place que tiennent, en pourcentages, ces produits dans l'exportation totale est la suivante :

	1913	1916-17
Laines.	33,4 pour 100	29,7 pour 100
Grains.	14,4 —	17,5 —
Viandes.	9,8 —	9,1 —
Peaux.	7,5 —	2.3 —
Beurres.	4,5 —	5,5 —

Ce qui fait, ensemble, 69,6 et 64,7 pour 100 des exportations totales. Si l'on ajoute à ces quelques produits l'exportation des minerais et métaux, le pourcentage sur l'ensemble des exportations monte à 85,6 pour 100 en 1913 et à 76,7 pour 100 en 1916-17. A l'exception des peaux, tous les articles envisagés ci-dessus ont donné lieu, depuis la guerre, à un accroissement absolu d'exportations. Si des diminutions relatives apparaissent, cela tient au développement remarquable de certaines exportations, pendant la guerre, telles que lait, fromages, confitures — tous articles qui ont été en forte demande durant les années du grand conflit.

Il est intéressant de noter et il est facile de voir par la lecture des chiffres ci-dessus que les exportations de produits manufacturés tiennent une place minime dans les exportations australiennes. Si l'Australie a une production industrielle (dont nous avons parlé plus haut), elle ne travaille guère pour l'exportation. Encore faut-il ajouter qu'une partie des produits manufacturés exportés d'Australie n'en sont en réalité que réexportés. Par exemple, en 1913 (année moyenne d'avant-guerre), sur £ 649 300 de métaux manufacturés exportés, les réexportations comptent pour 269 001 : sur £ 270 278 d'exportations de textiles et habillement, les réexportations figurent pour 197 971. Sur le total des exportations de 1913, £ 78 572 000, les réexportations s'élèvent à 3 433 622. La guerre, qui a eu pour effet d'accroître les exportations, a, par contre, diminué la part relative des réexportations, les produits européens ne parvenant plus qu'avec peine en Australie. En effet, en 1916-17, sur un total d'exportations de £ 97 955 469, les réexportations n'ont été que £ 2 915 509.

La destination des exportations australiennes a été la suivante :

	1913		1916-17	
	£		£	
Royaume-Uni	54 804 548	44,50 p. 100	57 843 684	59,06 p. 100
Colonies britanniques	9 457 263	12,03 —	16 780 574	17,14 —
Pays étrangers. . . .	54 309 958	43,67 —	23 531 224	23,82 —
Total de l'Empire bri-tannique	44 261 811	56,33 —	74 624 258	76,18 —

Pour que l'on puisse se rendre compte de l'évolution de ces chiffres durant les vingt-cinq dernières années, donnons les pourcentages par périodes quinquennales depuis 1894 :

	1894-98	1899-1903	1904-1908	1909-1913
Royaume-Uni. .	66,82 p. 100	49,46 p. 100	46,88 p. 100	45,14 p. 100
Colonies britan-niques	8,49 —	23,78 —	19,92 —	15,84 —
Pays étrangers.	24,69 —	26,76 —	33,20 —	39,02 —
Total de l'Empire britannique. .	75,31 —	73,24 —	66,80 —	60,98 —

En valeurs, les exportations ont été, pendant les mêmes périodes quinquennales :

	£	£	£	£
Royaume-Uni.	25 610 267	25 432 513	30 114 565	54 028 258
Colonies britanniques. .	3 000 964	11 695 305	12 797 317	11 943 654
Pays étrangers	8 725 257	12 653 248	21 328 120	29 410 508
	35 336 488	47 781 064	64 240 002	75 382 420
Total de l'Empire britan-nique.	26 614 231	34 627 816	42 911 882	45 971 912

Il ressort de ces pourcentages et de ces chiffres que l'accroissement absolu, vers toutes les destinations, est la note à retenir : l'Australie vend de plus en plus au dehors. Mais la part proportionnelle de l'Angleterre d'une part, des colonies britanniques de l'autre, considérées comme clientes de l'Australie, a diminué d'une façon constante jusqu'à la guerre. Il ne s'agit du reste pas d'une diminution absolue, et s'il y a effectivement diminution relative, c'est uniquement par suite de l'accroissement remarquable des achats étrangers. La politique de réquisition des produits de l'Empire Britannique par le Gouvernement impérial pendant la guerre a eu pour effet d'augmenter considérablement la part proportionnelle de l'Angleterre dans les exportations australiennes. Mais le caractère artificiel et sans doute passager de cette situation ne saurait être perdu de vue.

Par ordre d'importance, les meilleurs clients de l'Australie étaient, en 1913 (avant-guerre) :

	£	
Royaume Uni. . .	54 804 548	44,50 p. 100 de l'ensemble.
France	9 684 362	12,33 — —
Belgique.	7 465 742	9,50 — —
Allemagne.	6 875 441	8,75 — —
États-Unis	2 631 058	3,35 — —
Nouvelle-Zélande .	2 356 990	3 — —
Afrique du Sud. .	1 941 164	2,47 — —
Japon.	1 429 310	1,82 — —

En 1916-17, les principaux acheteurs de produits australiens ont été (période de guerre) :

	£	
Royaume-Uni	57 843 684	59,04 pour 100
États Unis	6 785 033	6,93 —
Canada.	6 392 579	6,52 —
Italie.	4 453 187	4,55 —
France	4 079 761	4,16 —
Japon.	3 726 788	3,80 —
Nouvelle-Zélande . .	2 996 313	3,07 —
Indes.	2 852 582	2,91 —
Afrique du Sud. . .	1 402 559	1,38 —

Il convient d'observer — remarque essentielle — que, soit avant, soit surtout pendant la guerre, une foule de produits australiens ont été achetés par des pays étrangers sur le marché de Londres. La part réelle des achats opérés par les pays étrangers est donc évidemment plus importante qu'il ne paraît à première vue par la lecture des statistiques australiennes.

Voyons maintenant quels sont les principaux produits achetés en Australie par les diverses puissances ci-dessus indi-
quées.

Les principaux achats de l'Angleterre, en 1913 et 1916-17,
ont porté sur les articles suivants :

	1913	1916-17
	£	£
Laines	9 456 636	23 431 942
Viandes	6 326 497	7 981 937
Blé.	5 222 708	6 257 098
Farine.	160 017	1 472 469
Beurre.	3 180 932	4 959 643
Peaux	1 807 406	1 066 367
Suifs.	1 500 493	829 041
Minerais et métaux. . . .	5 792 198	7 091 895
Confitures	118	734 759
Cuirs.	419 904	730 413

Il apparaît comme évident que plusieurs de ces achats ont
été faits par l'Angleterre pour le compte des Alliés, de telle
sorte qu'une correction s'impose à l'impression qu'on pourrait
de prime abord ressentir.

Les principaux achats de la France ont été :

	1913	1916-17
	£	£
Laines.	7 429 855	963 097
Peaux (principalement peaux de mouton).	1 666 346	258 024
Blé.	361 360	2 394 698
Suifs	95 047	néant

Les principaux achats de la Belgique ont été :

	1913
	£
Laines.	2 386 892
Minerais et métaux	860 817
Peaux.	761 303
Blé	521 983
Suifs	100 136

Les principaux achats de l'Allemagne ont été :

	1913
Laines.	4 693 167
Minerais et métaux	495 701
Peaux.	351 196

Les principaux achats des États-Unis ont été :

	1913	1916-17
	£	£
Minerais et métaux.	898 307	316 079
Laines.	735 923	776
Peaux	564 421	520 664
Cuirs.	5 169	157 290

Les principaux achats du Japon ont été :

	1913	1916-17
	£	£
Laines.	735 018	2 470 414
Minerais et métaux.	250 978	435 240
Blé.	226 287	néant
Suifs.	75 460	157 510

Les principaux achats de l'Italie ont été :

	1913	1916-17
Laines.	256 718	1 845 861
Blé.	340 554	2 273 032

Sans entrer dans un ordre de détails qui nous entraîneraient trop loin, notons enfin que l'Afrique du Sud, la Nouvelle-Zélande, les Indes, les Iles du Pacifique, les Straits Settlements, etc. se fournissent largement en Australie de produits de toute espèce : il s'agit surtout de produits d'alimentation et aussi (plus particulièrement en ce qui concerne la Nouvelle-Zélande, les Iles du Pacifique, etc.) d'articles manufacturés, qui sont du reste fréquemment des réexportations.

Il ressort de l'ensemble des données ci-dessus que l'Australie joue et ne peut manquer de jouer dans l'avenir un rôle très important sur les marchés mondiaux. Les Australiens s'en rendent compte, et c'est à juste titre qu'ils en sont fiers. Quant à nous Français — il faut y insister — nous étions avant la guerre (l'Angleterre étant naturellement exceptée) les meilleurs clients de l'Australie.

II. — LES IMPORTATIONS AUSTRALIENNES.

Les importations de l'Australie ont été de £ 79 749 653 en 1913 et de £ 76 228 679 en 1916-17. Cette diminution s'explique, ainsi que nous l'avons noté plus haut, par les difficultés et les restrictions auxquelles se sont heurtées les importations du fait de la guerre. Sans ces obstacles, il est vraisemblable que les achats de l'Australie au dehors auraient pris un tout autre essor, car la vente, à bon prix, des principaux produits australiens (laine, viande, blé, etc.) a certainement enrichi le pays. L'Australien a évidemment gagné beaucoup d'argent : comme il économise en somme moins que nous, comme le prix de la vie n'a nullement augmenté dans les proportions que nous voyons ici, le pouvoir d'absorption du marché de la Commonwealth est grand, malgré le nombre relativement restreint de ses habitants. Dans ces conditions, il y a là un marché qui mérite de retenir notre attention. L'exportation par tête d'habitant, qui était en 1913 de £ 16.7.2, a passé en 1916-17 à £ 19.19.2, alors que l'importation, qui était en 1913 de £ 16.12.0 par tête d'habitant, est tombée en 1916-17 à 15.14.10. Ces chiffres sont symptomatiques et d'une façon générale encourageants pour les producteurs à la recherche de débouchés.

Les importations australiennes comportent les catégories de marchandises suivantes :

	1913	1916-17
	£	£
Produits d'alimentation d'origine animale. .	947 697	1 156 816
Produits d'alimentation d'origine végétale. .	3 315 825	5 655 149
Boissons non-alcooliques	1 833 235	2 170 450

	1913	1916-17
	£	£
Boissons alcooliques	2 095 896	1 985 895
Tabac	1 114 947	1 115 010
Animaux vivants	145 215	81 765
Substances animales	417 039	928 112
Substances végétales	1 344 204	2 579 789
Tissus et habillement	19 705 768	24 134 756
Huiles et graisses	1 969 628	5 128 740
Peintures et vernis	609 859	666 285
Pierres	218 352	172 653
Monnaies	377 220	74 203
Métaux non manufacturés et minerais	1 575 734	466 848
Métaux partiellement manufacturés	1 500 436	1 210 872
Métaux manufacturés	16 623 435	11 084 538
Cuirs	1 749 046	1 867 696
Bois	3 575 555	1 819 227
Poteries, faïences, porcelaines	1 580 645	1 112 987
Papiers et papeterie	3 134 750	4 462 040
Bijouterie, horlogerie	1 410 545	1 126 520
Instruments	754 589	720 268
Produits chimiques et pharmaceutiques	2 493 192	5 130 397
Divers	11 258 981	7 377 215

Comme on le voit, les importations australiennes se composent surtout de produits manufacturés, parmi lesquels deux catégories apparaissent à première vue comme prédominantes : les tissus et habillement d'une part, et de l'autre les métaux manufacturés (parmi lesquels sont comprises les machines). Dans les deux années envisagées, le pourcentage des importations de tissus et vêtements par rapport aux importations totales a été respectivement de 24,8 pour 100 et 31,6 pour 100 ; le même pourcentage a été, pour les métaux et machines, de 20,8 pour 100 et de 14,5 pour 100. A elles seules ces deux catégories ont représenté, en 1913 et en 1916-17, 45,6 pour 100 et 46,1 pour 100 des importations totales.

Il sera intéressant d'indiquer, avec plus de détails, la composition des principales catégories ci-dessus mentionnées.

La catégorie des tissus et vêtements comprend :

	1913	1916-17
	£	£
Vêtements	2 319 877	1 850 867
Chaussures	664 769	448 962
Corsets	263 746	335 056
Plumes préparées	130 742	22 097
Fourrures et peaux préparées	45 568	47 785
Gants	387 776	271 298
Cheveux et perruques	27 731	8 964
Chapeaux et casquettes	644 047	321 806
Vêtements militaires	14 227	26 404
Bas et chaussettes	807 215	1 085 500
Passementerie, galons	459 635	473 592
Rubans, fleurs artificielles, parapluies et ombrelles	40 819	4 756
Textiles et tissus	11 717 685	16 353 491
Fibres manufacturées	2 206 991	2 677 296

La catégorie des métaux manufacturés comprend :

	1913	1916-17
	£	£
Machines motrices, machines à vapeur, machines agricoles, machines-outils, métiers à tisser, métiers à tricoter, machines à coudre, machines à écrire, machines électriques, etc.	5 741 725	3 522 538
Métaux en plaques, barres, tubes, coutellerie, boulons et rivets, appareillage électrique, lampes, clous, fils de fer et grillages	10 881 410	7 762 000

La catégorie des vins et liqueurs comprend :

	1913	1916-17
	£	£
Ales	547 258	175 853
Cidres et poirés	638	48
Brandies	192 246	202 990
Gin	167 495	137 655
Rhum	61 990	22 567
Whiskey	761 415	1 220 589
Divers	32 876	55 296
Alcools qui ne sont pas pour la consommation	146 638	125 486
Vins mousseux	138 563	39 212
Vins non mousseux	53 313	24 934
Vins divers	1 484	1 563

On peut voir, par ces divers tableaux, que l'existence d'une
industrie australienne n'empêche pas l'importation de la plupart des produits manufacturés. Sans doute, la concurrence
de l'industrie locale se fait sentir sur bon nombre d'articles.
Mais, outre qu'elle ne peut, à elle seule, suffire à toutes les
demandes de la consommation, il convient d'observer qu'elle
ne produit pas toutes les qualités de tous les articles. Il en
résulte qu'un champ d'action très vaste demeure ouvert aux
vendeurs étrangers.

Les pays vendeurs se classent comme suit (statistique des
importations par pays d'origine) :

	1913		1916-17	
	£		£	
Royaume-Uni. . . .	41 527 702	51,8 p. 100	56 253 864	47,5 p. 100
Colonies britanni- ques.	8 975 114	11,5 —	11 006 598	14,5 —
Pays étrangers. . .	29 446 837	36,9 —	28 968 217	38 —
(Total de l'Empire Britannique). . .	50 302 816	63,1 —	47 260 462	62 —

Il est intéressant de rechercher l'évolution de ces proportions depuis un quart de siècle. Malheureusement les anciennes statistiques australiennes ne fournissent les chiffres
d'importations que par pays d'embarquement (et non par
pays d'origine), ce qui peut donner lieu à des impressions
inexactes. Voici néanmoins quelques données utiles à retenir

	1894-98	1899-1903	1904-08	1909-13	1916-17
	p. 100	p. 100	p. 100	p. 100	p. 100
Royaume-Uni	68,6	58,8	60,4	59,8	52,5
Colonies britanniques.	11,1	12,1	13,4	12,7	16
Pays étrangers	20,3	29,1	26,2	27,5	31,5
Total de l'Emp. britan.	79,7	70,9	73,8	72,5	68,5

D'après ces chiffres, la proportion du chiffre d'affaires de
l'Empire Britannique, pris dans son ensemble, se maintient,
mais avec une légère tendance à la diminution. Par contre, la
proportion des ventes de l'Angleterre proprement dite est en

décroissance ; celle des colonies britanniques est en accroissement, sans toutefois que l'accroissement soit suffisant pour contrebalancer la diminution de la métropole. La proportion du chiffre d'affaires des pays étrangers augmente.

Si maintenant nous cherchons à nous faire une idée générale de la position de l'Angleterre et des pays étrangers en Australie, au point de vue de leurs achats et de leurs ventes, nous constatons:

1° que l'Angleterre vend proportionnellement plus qu'elle n'achète ;

2° que les Colonies britanniques achètent proportionnellement plus qu'elles ne vendent ;

3° que les pays étrangers achètent proportionnellement plus qu'ils ne vendent.

Il est curieux d'observer qu'il n'en est pas de même en Nouvelle-Zélande où l'Angleterre achète proportionnellement beaucoup plus qu'elle ne vend.

Les principaux pays vendeurs (statistiques par pays d'origine) sont (l'Angleterre exceptée) :

	1913			1916-17	
	£			£	
États-Unis	10 908 653	13,7	p. 100	15 876 010	20,8 p. 100
Allemagne	7 029 331	8,8	—	97 512	0,1 —
Indes	3 082 754	3,9	—	3 896 463	5,1 —
France	2 222 631	2,8	—	1 492 553	2, —
Nouvellé-Zélande	2 219 879	2,8	—	1 985 776	2,6 —
Suisse	1 156 650	1,4	—	1 423 790	1,9 —
Belgique	1 151 720	1,4	—	58 000	0,08 —
Canada	964 826	1,21	—	1 408 091	1,85 —
Ceylan	951 648	1,2	—	1 191 248	1,6 —
Japon	950 300	1,2	—	3 373 684	4,43 —

Sans qu'il soit besoin de longs commentaires, ces chiffres parlant d'eux-mêmes, nous remarquerons simplement que l'augmentation des ventes américaines et japonaises a été considérable. Les États-Unis et le Japon sont les deux pays qui ont le plus largement profité de l'absence de l'Allemagne. A un moindre degré ils ont également bénéficié de la disparition des exportations belges et de la diminution des nôtres.

Indiquons maintenant quels sont les principaux articles vendus à l'Australie par les divers pays ci-dessus mentionnés.

L'Angleterre, qui tient aisément la tête, importe pratiquement en Australie tous les produits manufacturés. Insister davantage est inutile, car il faudrait tout énumérer. L'Inde, qui a notablement augmenté son chiffre de ventes en Australie pendant la guerre, lui fournit surtout du thé, du riz, des tissus de jute, des cuirs et peaux, des tissus. Le Canada vend principalement des machines et métaux manufacturés, des papiers, des autos, des conserves de poissons. Ceylan fournit surtout du thé et des cuirs.

Les Américains, qui dès avant la guerre tenaient une place considérable sur le marché australien, l'ont encore augmentée. Ils sont servis par leur proximité relative, par des communications maritimes directes, par le prestige technique et commercial dont ils jouissent auprès des Australiens, par l'intensité et l'habileté de leur réclame, enfin, parce que leur outillage agricole s'adapte parfaitement aux conditions de l'Australie. Ils n'ont donc eu aucune peine à remplacer, dans une large mesure, l'Allemagne, lorsque celle-ci a disparu du marché. Leur concurrence devient dangereuse aujourd'hui pour les Anglais eux-mêmes. En 1913, les principales ventes des États-Unis portaient sur les métaux manufacturés (£ 3 078 610), les tissus et vêtements (624 682), les cuirs et caoutchoucs (435 071), les papiers (403 679), les produits pharmaceutiques et chimiques et les engrais (178 501), les métaux non manufacturés (108 000). En 1916-17, les augmentations étaient considérables sur plusieurs de ces produits ; les métaux manufacturés notamment avaient passé à 3 872 922, les tissus et textiles à 1 703 481, les cuirs à 978 588, les papiers à 845 780, les métaux non manufacturés à 553 585, les produits pharmaceutiques, chimiques et engrais à 471 255. L'avenir des États-Unis sur le marché australien semble considérable.

Le Japon, qui ne faisait presque rien en 1913 (tissus et

vêtements pour £ 475 954, produits chimiques et engrais pour 129 188, faïences, poteries et verreries pour 21 493, articles de fantaisie pour 19 102, métaux manufacturés pour 7 601, etc.), a augmenté ses ventes dans des proportions tout à fait frappantes et dans tous les articles pour ainsi dire. Citons par exemple : Tissus et vêtements (1916-17) £ 1 612 222, produits pharmaceutiques 566 405, faïences, verreries et porcelaines 263 056, articles de fantaisie 128 658, métaux manufacturés 171 935 (au lieu de 7000 !) etc. Le commerce japonais a profité habilement de la situation créée par la guerre. Sa flotte marchande étant libre, la question du fret ne l'a pas embarrassé; l'initiative et l'entregent de ses vendeurs ont aisément implanté l'article japonais sur un marché subitement privé de ses fournisseurs habituels. Bien que, de l'avis général, l'article japonais ait de graves défauts, bien que la régularité des livraisons laisse parfois fort à désirer, le consommateur australien a en somme été très heureux de trouver, pendant la guerre, un fournisseur empressé, cherchant à s'adapter aux besoins de la clientèle et lui offrant l'avantage de prix relativement bas. L'article nippon, qui s'est imposé sur le marché australien du fait de circonstances exceptionnelles, y restera vraisemblablement implanté, d'autant plus que les Japonais font effort pour se corriger des défauts, parfois assez graves, qu'on leur reproche. L'industrie japonaise rappelle, à beaucoup d'égards, ce qu'était l'industrie allemande vers 1890. Nous trouverons donc dans le Japon un redoutable concurrent.

L'accroissement du chiffre d'affaires des États-Unis et du Japon correspond à peu près aux exportations d'avant-guerre de l'Allemagne. Celle-ci tenait, en 1913, une place importante en Australie. Ses ventes portaient principalement sur les produits suivants, presque tous manufacturés : métaux manufacturés £ 1 735 432, tissus et vêtements 1 702 145, faïences, poteries et verreries 458 007, cuirs et caoutchoucs manufacturés 347 550, métaux non manufacturés ou partiellement manufacturés 302 466, produits chimiques 266 811, papiers

266 483, articles de fantaisie 250 846, boissons alcooliques 161 055. Les méthodes que le commerce allemand d'exportation appliquait avec succès en Australie, comme partout ailleurs, sont bien connues et nous ne croyons pas avoir à y insister. Notons cependant l'immense avantage que lui donnait la possession de plusieurs lignes de navigation directes. De l'avis unanime, le commerce allemand était destiné, si la guerre n'était pas survenue, à connaître de nouveaux et brillants développements. Les circonstances se sont orientées différemment, et du fait de l'Allemagne elle-même. Les Australiens, qui dès le premier jour ont compris l'esprit véritable de la Grande Guerre et qui y ont pris la part que l'on sait, ne semblent guère disposés à laisser l'Allemand reprendre pied dans la Commonwealth. Il y a là pour nous une occasion, dont d'autres ont déjà profité, mais qu'il n'est pas trop tard pour saisir.

Comparé aux £ 10 908 653 des ventes américaines, aux £ 7 029 331 des ventes allemandes d'avant-guerre, le commerce d'exportation français en Australie, avec ses £ 2 222 631 (même année) n'était vraiment pas digne de la France. Nous étions cependant, et de beaucoup, les plus grands acheteurs de produits australiens après l'Angleterre ! Il y avait donc là une anomalie et un déséquilibre que nous devons chercher à expliquer, afin de voir, aussitôt après, comment il nous sera possible, après la guerre, d'y remédier. En raison de l'intérêt particulier de la question, nous consacrerons donc au commerce franco-australien un chapitre spécial.

CHAPITRE XI

LE COMMERCE FRANCO-AUSTRALIEN

Les achats et les ventes de la France en Australie se sont
élevées, durant les dernières années, aux chiffres suivants :

ANNÉES	ACHATS		VENTES	
	£		£	
1909	6 480 782	9,8 pour 100	1 784 312	3,4 pour 100
1910	8 551 579	11,4 —	1 953 735	3,2 —
1911	8 180 084	10,2 —	2 269 892	3,4 —
1912	8 022 319	10,1 —	2 295 293	2,9 —
1913	9 684 362	12,33 —	2 222 631	2,8 —
1914-15	1 279 513	2,1 —	1 784 494	2,7 —
1915-16	2 468 729	3,3 —	1 792 525	2,3 —
1916-17	4 079 761	4,18 —	1 492 553	1,9 —

Ces chiffres ne donnent sans doute pas exactement l'image
de la réalité : nous achetons sur le marché de Londres beaucoup de produits australiens, et d'autre part les Australiens
y achètent également bon nombre d'articles français. Comme
il est fort difficile de remonter toujours jusqu'à l'origine
véritable des produits, notre chiffre d'affaires, dans les deux
sens, est probablement plus élevé qu'il ne paraît ici. Toutefois,
cette correction — qu'il fallait signaler — n'atténue sérieusement ni la regrettable modicité de nos ventes ni le grave
déséquilibre qui résulte de l'excédent de nos importations
sur nos exportations : si nous sommes bons acheteurs en
Australie, nous y sommes par contre déplorables vendeurs.
Étant donné que nos achats en Australie ne diminueront vraisemblablement pas (au contraire), il faudra pour rétablir
l'équilibre de notre balance commerciale faire un vigoureux
effort pour développer nos exportations. Il y a là, du point

de vue de l'avenir de nos relations économiques avec l'Australie et aussi du point de vue de notre politique économique générale, une question de tout premier ordre, dont l'importance n'échappera pas.

La question, en ce qui concerne les relations commerciales franco-australiennes, est d'autant plus actuelle que la guerre a eu pour conséquence de provoquer une baisse considérable de nos ventes dans la Commonwealth. Les raisons n'en sont que trop connues, et l'on peut dire du reste qu'elles sont à notre honneur : pendant que la France se battait avec obstination pour sa propre indépendance et pour la cause commune des Alliés, pouvait-elle songer à produire pour l'exportation ? Le moment est venu de songer non seulement à rétablir en Australie notre situation d'avant-guerre, mais à la développer. Hâtons-nous de dire que l'occasion est excellente et que nous serions impardonnables de n'en pas profiter. Bénéficiant de notre prestige d'Alliés et de vainqueurs, bénéficiant aussi de la disparition de fait de l'Allemagne, nous devons essayer de prendre la place, ou du moins une partie de la place qu'elle occupait naguère sur le marché de la Commonwealth. Si notre exportation arrivait simplement à égaler la sienne, telle qu'elle était en 1913, l'équilibre de notre balance commerciale vis-à-vis de l'Australie ne serait pas loin d'être atteint.

Pour donner une idée générale des échanges franco-australiens, nous parlerons d'abord brièvement des achats de la France en Australie. Nous aborderons ensuite, en insistant davantage, la question des exportations de la France. Nous réserverons enfin pour les chapitres qui suivent un certain nombre de problèmes non moins intéressants, à savoir : les méthodes qui sont de nature à assurer notre succès, les relations douanières franco-australiennes. Nous terminerons cette étude du commerce entre la France et l'Australie par l'examen des principaux articles dont nous avons chance d'y développer l'exportation.

I. — Les achats de la France en Australie.

Les exportations australiennes à destination de la France ont compris, en 1913 et en 1916-17, les principaux articles suivants :

	1913	1916-17
	£	£
Laines.	7 429 856	963 097
Peaux de mouton	1 315 516	250 783
Suifs	95 070	néant
Grains (surtout blé)	361 604	2 394 698
Farines	néant	369 093
Zinc.	151 283	néant
Cuivre.	157 043	21 916

Nous avons parlé séparément, dans la partie de ce rapport relative à la production australienne, des principaux articles de cette liste. Nous nous bornerons donc à quelques remarques d'ordre général. La première sera que les chiffres de 1916-17 ne peuvent en rien être considérés comme typiques, certains étant enflés plus que la normale, d'autres étant tombés à un niveau parfois insignifiant. Cela tient, soit aux difficultés de fret, soit à la politique de centralisation des achats alliés par le Gouvernement britannique, soit enfin au fait que certaines marchandises ont été achetées, mais n'ont pu être expédiées.

L'année 1913 est beaucoup plus typique, et c'est elle qu'il faut considérer. Les laines y figurent pour 76 pour 100 de nos achats. Si l'on y ajoute les peaux de mouton, le pourcentage monte à 90 pour 100, les 10 pour 100 restants ne comprenant que des achats peu importants, sauf le blé dont le commerce varie forcément suivant les années.

Dans ses rencontres soit avec le Gouvernement australien, soit avec les Chambres de commerce ou les milieux commerciaux, la Mission n'a jamais manqué de souligner l'importance des achats français d'avant-guerre en Australie : nous sommes les premiers acheteurs du Continent européen, et, parmi les clients de la Commonwealth, nous occupons le second rang, immédiatement après le Royaume-Uni. C'est une raison qui, toute question de sentiment mise à part, devrait nous assurer les sympathies australiennes, car un marché comme celui de la France est intéressant à cultiver et à conserver. En parlant des principales productions australiennes, nous avons eu l'occasion d'indiquer les divers articles dont l'Australie désirait développer la vente en France. Dans la mesure où ces articles ne nous sont pas entièrement fournis par notre production nationale, c'est le très vif désir de la France de voir l'Australie, notre fidèle alliée de la grande guerre, prendre chez nous la plus large place possible. Mais il faut bien se rendre compte (et nous signalons le fait à nos amis de la Commonwealth) que nous ne pourrons continuer longtemps d'être bons acheteurs si nous ne devenons de grands exportateurs. De là l'importance primordiale du paragraphe qui suit.

II. — LES VENTES DE LA FRANCE EN AUSTRALIE.

La liste des exportations françaises en Australie, d'après la classification du tarif australien, a été, pendant les années 1913 et 1916-17, la suivante :

	1913	1916-17
	£	£
Produits d'alimentation d'origine animale. . .	3 093	2 024
Produits d'alimentation d'origine végétale . .	27 880	10 689
Boissons non-alcooliques.	1 572	46
Boissons alcooliques.	361 754	205 261
Tabac	1 483	504
Substances animales	17 506	5 609
Substances végétales.	39 484	13 620
Tissus et habillement.	960 479	796 051
Huiles et graisses.	21 054	12 737
Peintures et vernis.	3 902	2 880
Pierres et minerais.	19 962	1 255
Métaux non ou partiellement manufacturés . .	3 674	2 725
Métaux manufacturés et machines	44 713	21 263
Cuirs et caoutchoucs.	68 746	20 228
Bois	4 582	2 248

	1913	1916-17
	£	£
Poteries, ciments, faïences et verres	40 504	8 024
Papiers et papeterie	21 930	25 474
Bijouterie, horlogerie, articles de fantaisie.	85 430	90 419
Appareils scientifiques, optiques, chirurgi-caux	55 568	13 388
Produits chimiques et pharmaceutiques.	226 917	208 027
Divers	213 418	50 081

Comme on le voit, nos ventes se composent pour ainsi dire exclusivement d'articles manufacturés, parmi lesquels les tissus et vêtements tiennent de beaucoup la première place. Il sera, croyons-nous, intéressant d'indiquer la composition plus détaillée de certaines de ces catégories.

Tissus et habillement :	1913	1916-17
	£	£
Soieries.	279 790	320 720
Velours et peluches	107 219	139 318
Lainages.	198 550	8 677
Garnitures et rubans.	110 624	129 024
Gants	58 306	86 753
Vêtements confectionnés.	55 709	25 113
Tissus de coton et de lin	47 158	16 824
Plumes.	52 340	14 801

Boissons alcooliques :	1913	1916-17
Cognacs.	191 552	320 720
Vins mousseux.	129 874	38 817
Vins non mousseux.	9 091	3 789
Parfums et essences	16 807	18 002
Autres alcools	11 837	7 711

Produits chimiques et pharmaceutiques :	1913	1916-17
Crème de tartre	161 378	140 056
Acide tartrique.	14 203	2 741
Parfumerie.	28 778	36 991
Huiles essentielles	4 052	7 613
Produits médicinaux	2 804	5 818
Autres produits chimiques ou pharmaceutiques	12 371	14 729

	1913	1916-17
Bijouterie, horlogerie, articles de fantaisie :	£	£
Articles de fantaisie	15 793	33 485
Bijouterie et pierres précieuses.	12 771	13 682
Horlogerie	4 535	2 324
Pipes et articles de fumeurs	52 331	40 928
Cuirs et caoutchoucs :		
Tuyaux et articles de caoutchouc.	55 182	16 017
Cuirs et articles de cuir.	15 564	4 211
Divers :		
Automobiles	160 169	15 877
Brosserie.	9 127	6 279

Ces quelques extraits (que l'on complètera par la consultation du tableau détaillé de nos exportations, donné en annexe)[1] permettent de voir la nature des articles que la France vendait avant la guerre. Notre premier but doit être de retrouver notre clientèle de 1913, car si nous avons accru nos ventes sur certains articles, il en est un grand nombre où notre recul est franchement inquiétant. Mais ce programme ne saurait suffire, car nos chiffres de 1913 ne sont pas eux-mêmes bien satisfaisants. Nous devons et pouvons mieux faire. Mais dans quelle direction? C'est, nous semble-t-il, à prendre la clientèle australienne de l'Allemagne que nous devons surtout viser. Quels étaient donc les principaux de ses articles que l'Allemagne avait réussi à implanter? Leur liste sera, pour l'exportation française, le plus intéressant des guides.

Sans prétendre tout énumérer (on trouvera, du reste, aux annexes, la liste complète)[2], nous nous en tiendrons aux observations qui suivent et qui sont, croyons-nous, particulièrement instructives. Dans le groupe des tissus et habillements, par exemple, l'Allemagne exportait, en 1913, £ 1 702 945, alors que notre exportation n'était que de

1. Voir Annexe nº I, p. 157.
2. Voir Annexe nº II, p. 163.

£ 960 479; ses principales ventes portaient sur les vêtements confectionnés (361 625), les bas et chaussettes (233 650), les velours et peluches (220 478), les gants (167 577), les tissus de coton et lin (142 205), les garnitures et rubans (95 084), les lainages (91 270), les soieries (85 321).... Plus importante encore était l'exportation allemande dans la catégorie des métaux manufacturés et machines : £ 1 735 452 contre 44.713 pour la France. Les principales spécialités où elle réussissait étaient : les fils de fer et acier (£ 326 866), les treillages (112 477), les plaques de fer et acier (94 000), les appareils à gaz et électricité (73 133), les machines électriques (58 888), les machines à coudre (60 737), les tuyaux et tubes de fer et acier (88 605), les machines motrices (30 992), la coutellerie (30 777), les lampes (40 848), les rails (57 717), les outils (38 135). Dans la catégorie des ciments, poteries et porcelaines, l'Allemagne exportait pour £ 458 007, contre £ 40 594 de notre part. Ses ventes portaient notamment sur les ciments Portland (159 969), les verreries (113 187), la poterie (26 605), la porcelaine (72 711), le plâtre de Paris (19 342), les glaces et vitres (37 064), les briques réfractaires (13 784).... Dans la catégorie des cuirs et caoutchoucs, l'Allemagne exportait pour £ 347 550 et nous 68 746. En fait de produits chimiques et pharmaceutiques, l'Allemagne tenait également une place plus considérable que nous, £ 266 811 contre 226 917. Citons notamment la crème de tartre (18 714), les insecticides (12 649), les huiles essentielles (9 981), les teintures (21 013), l'acide tartrique (16 893), le cyanure de potassium (16 956), la parfumerie (12 402), les engrais chimiques (51 546).... Pour ne pas prolonger à l'excès cette nomenclature, nous renvoyons à l'annexe détaillée des exportations allemandes en Australie pour l'année 1913, qu'il sera utile de consulter. Nous tenons cependant à mentionner encore les papiers et papeterie (£ 266 483 contre 21 930 pour la France), la bijouterie, l'horlogerie, les articles de fantaisie (£ 250 846 contre 85 430 pour la France), les métaux partiellement manufacturés (285 227) et les métaux non manufacturés et minerais (7 245 contre

5 674 à la France pour les deux catégories réunies), les vins, bières, liqueurs et alcools (171 055, contre 361 734 pour la France ; dans cette catégorie, les bières entrent pour 133 446 et les parfums pour 24 204), les instruments scientifiques, optiques et chirurgicaux (114 318 contre 55 568 pour la France). Dans la catégorie des « Divers », enfin, les Allemands exportaient surtout des pianos (£ 309 224) et des pièces détachées pour pianos (41 181), des sacs et emballages (160 369), des explosifs (88 593), des autos et pièces détachées d'autos (216 988), des câbles et fils électriques (56 450), des charbons pour lampes à arc (16 884), des appareils électriques (43 195), de la brosserie (25 524)....

La liste des articles vendus par la France à l'Australie avant la guerre, combinée avec celle des ventes allemandes en Australie à la même époque, nous paraît devoir constituer la meilleure base à l'établissement d'un programme d'avenir pour nos exportations dans la Commonwealth. Gardons-nous, sans doute, d'ignorer que la place perdue par l'Allemagne a été partièllement (sinon définitivement) prise par des concurrents dont la guerre n'avait pas diminué la puissance de production. Les États-Unis et le Japon, notamment, ont, comme nous l'avons dit plus haut, fortement développé leurs ventes en Australie[1], et nous les trouverons sur notre route. Mais leur succès même prouve que la capacité d'absorption du consommateur australien est importante et que si nous savons diriger notre effort sur des points judicieusement choisis et en nous servant des méthodes qui ont procuré le succès à des rivaux plus entreprenants, il n'y a pas de raison pour que nos exportations ne prennent pas, dans la Commonwealth, l'ampleur qui convient à un grand pays comme le nôtre.

En se basant sur les données statistiques ci-dessus, après consultation des Chambres de commerce australiennes et des principaux importateurs (australiens ou français) de produits

1. Voir Annexes III et IV, p. 172 et 181.

français en Australie, la Mission est arrivée à la conclusion que la liste 'qui suit lui paraît comprendre .les principaux articles 'dont l'exportation peut être. développée ou tentée avec succès dans la Commonwealth' :

Eaux minérales ;
Confiserie, chocolat, fruits confits et glacés ;
Conserves : sardines, asperges et petits pois fins :
Foie gras ;
Semences ;
Tissus et tricots en pièces, coton, soie, laine, tissus de chanvre, jute et ramie ;
Velours, peluche, dentelles, rubans, passementerie ;
Articles de mercerie ;
Plumes et fleurs artificielles ;
Corsets ;
Vêtements confectionnés et mi-confectionnés, pour hommes, dames et enfants ;
Fourrures confectionnées, gants de peaux et de tissus (gants de ville) ;
Chapeaux pour hommes, femmes et enfants ;
Bas et chaussettes de coton, de soie ;
Bretelles et jarretières ;
Parapluies et ombrelles ;
Huiles d'olive ;
Produits chimiques et pharmaceutiques ;
Teintures ;
Vernis et couleurs ;
Acide tartrique et crème de tartre ;
Porcelaine et faïence ;
Tuiles ;
Verres en plaques et miroirs ;
Verrerie, bouteilles et gobeleterie ;
Colles et gélatines ;
Bijouterie fausse ;
Montres, pendules et horloges ;
Articles de Paris et jouets ;
Chaussures ;
Papiers et cartons ;
Papier peint ;

---

1. Cette liste est conçue à dessein dans des termes généraux, afin de donner une vue d'ensemble de la situation. Nous avons consacré plus loin un chapitre spécial aux commentaires que comporte chaque article, pris en particulier.

Fourniture de bureau, crayons;
Instruments de musique;
Peignes, articles de toilette, articles en celluloïd;
Brosses de toilette et pinceaux;
Pipes et accessoires de fumeurs;
Instruments scientifiques, chirurgicaux, optiques, en verre et autres;
Lunetterie, jumelles, appareils photographiques, cinémas, gramophones;
Coutellerie, rasoirs, fourchettes, cuillères, orfèvrerie, métal et métal blanc, quincaillerie et articles émaillés;
Machines : nous insistons sur : locomotives et tracteurs, machines et appareillage électriques, tuyaux à eau et à gaz, fils de fer, lisses et barbelés;
Bicyclettes et pièces détachées;
Motocycles, side-cars et pièces détachées;
Châssis d'autos;
Aéroplanes;
Pneumatiques;
Parfums et huiles essentielles;
Engrais (phosphates, etc.);
Vins, champagnes, cognacs, liqueurs;
Semences.

CHAPITRE XII

LE TARIF DOUANIER DE L'AUSTRALIE
ET
LES RELATIONS TARIFAIRES FRANCO-AUSTRALIENNES

Une fabrication perfectionnée, de bonnes méthodes de vente
sont sans doute les facteurs essentiels du succès de nos exportations. Mais la question des conditions tarifaires qui nous
seront appliquées est à peine moins importante. Il importe
donc que nous donnions une idée générale du régime douanier
de l'Australie et des améliorations qui sont susceptibles d'être
apportées dans l'avenir aux relations tarifaires franco-australiennes.

I. — La politique douanière de l'Australie

Avant la fédération, c'est-à-dire avant 1901, les six États
australiens avaient chacun leur législation douanière autonome : la Nouvelle-Galles du Sud était libre-échangiste,
Victoria fortement protectionniste. La première œuvre du
nouveau gouvernement fédéral, désormais responsable du
régime douanier de la Confédération, fut de constituer un
tarif pour l'ensemble de la Commonwealth. Le premier tarif,
voté le 16 septembre 1902, fut complété par les lois des
1er décembre 1905, 24 septembre 1906, 12 octobre 1906, cette
dernière accordant, pour la première fois, un traitement préfé-
rentiel, à certains produits de l'Afrique du Sud. Le tarif de
1908, dont l'armature sert toujours de base au régime encore
actuellement en vigueur, a institué un régime de faveur pour
un certain nombre de produits originaires de la Grande-

Bretagne. Il a été modifié en 1910, 1911, 1914, 1917, et postérieurement encore : les indications que nous donnons plus loin sont mises à jour jusqu'au mois d'octobre 1918.

Avant d'aborder la description du tarif australien, nous commencerons par parler de l'esprit de la politique douanière australienne. Dès le début, la fédération s'est orientée vers le protectionnisme, qu'elle a, depuis lors, constamment maintenu. Après les grandes discussions entre sir George Reid, champion du libre-échange, et sir Edmund Barton, sur le principe même de la protection douanière. le libre-échange fut pratiquement abandonné. Il n'en est pour ainsi dire plus question aujourd'hui, sauf dans certains milieux doctrinaires manchestériens et parmi certains groupements de fermiers en Australie occidentale. Lorsqu'on aborde le problème avec des interlocuteurs, ceux-ci répondent à peu près invariablement que l'Australie ayant accepté en 1902 l'alternative protectionniste, la question, de la protection ou du libre-échange n'est plus en discussion.

La force irrésistible du protectionnisme en Australie vient de ce qu'il s'appuie à la fois sur les employeurs et les employés. Ceux-ci se rendent compte que la politique des hauts salaires, des heures de travail courtes et des lois sociales, qui tend à élever les prix de revient, n'est viable, dans un pays comme l'Australie, qu'avec une forte barrière douanière. Les patrons sont d'accord avec eux sur ce point, et les demandes combinées des deux parties n'ont pas de peine à obtenir satisfaction dans un pays où les villes sont énormes et dirigent en réalité l'orientation politique.

Si l'on comprend sans peine pourquoi les patrons et les ouvriers sont protectionnistes, on voit moins bien pourquoi les cultivateurs, les éleveurs le sont également : ils n'ont en effet guère de concurrence extérieure à redouter; ce sont essentiellement des exportateurs, qui jusqu'ici n'ont pas eu grand'peine à trouver des marchés; par contre la politique protectionniste les atteint directement en tant que consommateurs d'articles manufacturés (machines, outils, souliers, vêtements....) On s'attendrait donc à trouver parmi eux des partisans d'une politique économique plus libérale. Il n'en est rien cependant, soit parce que l'influence prédominante des villes étouffe leur initiative à cet égard, soit parce qu'ils pensent se ménager un marché national pour leurs produits en favorisant le développement d'immenses cités industrielles. Ce n'est qu'en Australie occidentale que l'on trouve l'embryon d'un parti libre-échangiste, dans la « *Farmers and Settlers Association of Western Australia* ». Ce groupement, qui comprend en Australie occidentale 185 branches et approximativement 5000 membres, demande l'abolition du tarif protecteur et son remplacement par un simple tarif fiscal. Il a réussi à faire élire à la Chambre haute de l'État Ouest-australien 5 membres sur 30, et 12 sur 50 à la Chambre basse. Il est possible, il semble vraisemblable qu'un mouvement analogue doive se manifester dans d'autres États, mais il ne s'agit actuellement que d'un simple embryon.

A vrai dire, la guerre a même eu pour effet de stimuler encore la vitalité du parti protectionniste. A la faveur des hauts prix, de la diminution de la production industrielle européenne, de la rareté du fret jouant à l'instar d'une sorte de prohibition, les manufacturiers australiens ont, dans nombre de cas, développé leurs affaires ou créé de nouvelles fabrications, dont le maintien, quand les prix auront baissé et quand la concurrence européenne se fera de nouveau sentir, sera le prétexte à de nouvelles demandes de protection. Il est donc vraisemblable, pour ne pas dire certain, que le protectionnisme demeurera la base de la politique douanière australienne.

Le tarif australien ne comprend pas un tarif maximum et un tarif minimum, mais en réalité un tarif général unique, avec colonne préférentielle pour l'Angleterre ou éventuellement l'Empire britannique. C'est du moins ainsi qu'il a été compris jusqu'ici, bien que rien ne s'oppose à ce que la colonne préférentielle ne devienne, au moins pour certains articles, une sorte de colonne conventionnelle en vue de négociations possibles.

La préférence en faveur de l'Angleterre (elle s'applique aux « *goods of United Kingdom origin* ») comporte, en moyenne, un dégrèvement d'environ 5 à 10 pour 100 par rapport au tarif général. Elle s'applique au Royaume-Uni et à l'Afrique du Sud, pour un nombre déterminé d'articles. Le nombre d'articles britaniques qui bénéficient de la préférence a été sans cesse en augmentant depuis 1908 : au début de la préférence, environ 60 pour 100 des importations anglaises en Australie bénéficiaient du tarif de faveur ; cette proportion est montée, en 1916-17, à environ 90 pour 100. Il faut noter aussi que l'interprétation de la définition à donner du produit « d'origine britanique » a été en s'élargissant : on admet comme étant d'origine britannique les articles qui sont simplement finis ou mis au point en Angleterre, la dépense de matériel anglais ou de main-d'œuvre anglaise devant, dans ce cas, représenter au moins un quart du prix de revient de l'article fini.

La préférence douanière en faveur de l'Angleterre n'a comporté, jusqu'au dernier budget britannique, aucune réciprocité de la part de la métropole. Elle a eu son origine dans une inspiration de loyalisme dont la sincérité ne peut être mise en doute. L'Australie a agi sans rien demander en échange. Il est évident cependant qu'elle a souhaité et espéré, de la part de l'Angleterre, une forme quelconque de réciprocité. Pour la première fois, M. Austen Chamberlain, chancelier de l'Échiquier, dans son exposé de budget du 30 avril 1919, a proposé d'accorder un tarif de faveur à divers produits coloniaux, parmi lesquels les vins mousseux et non mousseux sont particulièrement intéressants pour l'Australie. Par cette mesure l'impérialisme économique a avancé d'un grand pas vers sa réalisation.

Il ne faut cependant pas perdre de vue que la préférence impériale elle-même, telle qu'elle est accordée par l'Australie à l'Angleterre, comporte encore contre celle-ci une sérieuse protection. Quand le tarif général australien est de 30 pour 100

par exemple et le tarif impérial de 25 pour 100 — comme
c'est le cas pour nombre d'articles —, on ne peut dire que le
libre-échange règne entre la Commonwealth et sa métropole!
L'avantage néanmoins reste notable, et il devient tout à fait
intéressant lorsque, le tarif étant par exemple de 10 pour 100,
la franchise est accordée aux produits britanniques.

En dehors de ce tarif, qui n'a été jusqu'ici accordé qu'à
l'Angleterre ou à certaines de ses colonies, l'Australie
applique à toutes les Puissances étrangères son tarif général.
C'est le traitement appliqué à la France, qui de son côté
applique son tarif maximum à l'Australie. Mais la France
souffre beaucoup plus de cette situation que l'Australie, car
celle-ci nous vend surtout (sauf l'exception importante de la
viande congelée et diverses autres) des produits qui entrent en
franchise, alors que la presque totalité de nos ventes sont
frappées, à leur entrée dans la Commonwealth, de droits parfois
énormes et toujours élevés.

L'octroi de tout ou partie du tarif impérial à une Puissance
étrangère n'a pas encore été pratiqué par l'Australie. Mais
rien ne s'oppose en principe à ce qu'il en soit ainsi, soit par
suite de concessions réciproques, soit en raison des liens particulièrement étroits que la guerre a créés entre l'Empire Britannique et les Alliés. Le Canada, dans certains de ses traités de
commerce, a fait sur certains articles des concessions qui
abaissent le droit du tarif conventionnel au même niveau que
son tarif impérial. Il va de soi que pareilles concessions ne
peuvent être envisagées qu'en plein accord avec la Grande-
Bretagne. Ce qui est en tout cas certain, et ce qu'il faut retenir,
c'est que la colonne impériale elle-même restera vraisemblablement protectionniste pour tous les articles que l'Australie
produit ou pourrait produire. On s'en rendra compte en par-
courant les lignes qui suivent où sont données les principales
caractéristiques des taux que comporte le tarif de l'Australie.

H. — Analyse du tarif australien.

Les articles qui bénéficient de la franchise pure et simple sont l'exception dans le tarif actuel de l'Australie : ce sont principalement des produits d'alimentation, tels que blé, farine, chocolat non manufacturé, thé … pour lesquels la Commonwealth n'a pas de concurrence à redouter ou bien qu'elle ne produit pas ; ce sont encore des matières premières ou semi-manufacturées servant à l'industrie, comme les graines oléagineuses, le caoutchouc, le jute, les tissus de jute ….. Citons enfin comme entrant en franchise des articles dont l'importation répond à un intérêt évident du pays : les engrais, les instruments scientifiques ou chirurgicaux, les objets d'art destinés aux galeries publiques, etc.

Si nous passons maintenant aux articles qui sont frappés d'un droit, nous devons distinguer ceux qui ne comportent pas de préférence impériale, c'est-à-dire ceux pour lesquels les droits sont les mêmes au tarif général et au tarif impérial. Ce sont principalement les vins, liqueurs et alcools, les tabacs, les sucres, en général les produits d'alimentation ; ce sont également des articles bruts, semi-ouvrés ou même complètement ouvrés, par exemple les plumes non préparées, les fourrures pour la manufacture, les poils pour la chapellerie, les parapluies et ombrelles, les tentes, voiles, drapeaux …. Le droit est souvent spécifique et d'ordinaire élevé. Comme on le voit, il s'agit surtout d'articles intéressant peu l'Angleterre.

Le tarif à double colonne (générale et préférentielle) comprend tous les autres articles, c'est-à-dire l'immense majorité. Il est d'ordinaire *ad valorem*, avec une différence de 5 pour 100 en faveur de l'Angleterre dans la majorité des cas, et moins souvent de 10 pour 100. Pour un certain nombre d'articles, les droits sont à la fois *ad valorem* et spécifiques, le tarif appliqué étant celui qui rapportera le plus au trésor. Les droits *ad valorem* sont calculés sur la valeur du produit dans le pays d'origine augmentée de 10 pour 100. L'octroi de la préférence impériale à l'Angleterre répond au désir de donner un avantage aux produits anglais, sans cependant nuire aux industries australiennes — ce qui revient à laisser entendre que les droits demeurent protectionnistes même à l'égard de la métropole.

Nous allons maintenant passer en revue les principales divisions du tarif, en indiquant, pour chacune d'elles, les caractéristiques générales à retenir.

Les trois premières divisions du tarif (boissons, tabacs, sucres) comportent en général des droits spécifiques, sans préférence, qui sont particulièrement élevés et ont dans certains cas été plus que doublés depuis la guerre, sur les spiritueux, vins mousseux et non mousseux ainsi que sur les liqueurs.

Dans la Division IV (produits agricoles et épicerie), les droits sont généralement spécifiques, assez élevés et comportant une préférence importante pour l'Angleterre, sauf dans certains articles indiqués plus haut qui ne sont frappés que d'un droit unique, au tarif général, assez élevé du reste.

Dans la Division V (habillement et textiles), le tarif est *ad valorem*, sauf pour les vêtements confectionnés, et il est en général fort élevé (20 et 15 pour 100 pour les soieries par exemple, 30 et 25 pour 100 pour les fleurs artificielles...) Pour un certain nombre d'articles qui concurrencent l'industrie locale, les droits sont prohibitifs (chapeaux 40 et 35 pour 100, lainages 35 et 30 pour 100).

Dans la Division VI (métaux et machines), la grosse métallurgie (barres, lingots, plaques) paie généralement 10 pour 100, avec franchise pour la colonne impériale. L'ensemble des machines, à l'exception de certaines machines électriques, agricoles, etc., est d'ordinaire très protégé, même contre l'Angleterre (30 et 25 pour 100 en général). Les outils, machines-outils, machines à coudre, machines à écrire paient généralement 10 pour 100, avec franchise à la colonne impériale.

Dans la Division VII (huiles, peintures et vernis), le tarif est en général spécifique, de taux élevé, avec une préférence notable pour l'Angleterre.

Dans la Division VIII (poterie, ciment, porcelaines, verres, pierres), le tarif est également élevé (30 et 25 pour 100, 25 et 20 pour 100), avec préférence de 5 pour 100 pour l'Angleterre dans la majorité des cas. Le tarif ne s'abaisse que pour les instruments scientifiques en verre.

Dans la Division IX (produits chimiques et pharmaceutiques), les produits chimiques en général paient 5 pour 100, avec franchise pour l'Angleterre; les produits pharmaceutiques subissent des droits assez forts quand ils sont empaquetés pour le détail (20 et 15 pour 100). Les produits bactériologiques et sérums entrent en franchise absolue.

Dans la Division X (bois), tous les articles, dès l'instant qu'ils sont ne serait-ce que partiellement ouvrés, subissent des droits très élevés.

Dans la Division XI (bijouterie, horlogerie, articles de fantaisie), les taxes sont importantes et vont le plus souvent jusqu'à la prohibition. Elles ne s'abaissent que pour les instruments scientifiques et la lunetterie.

Dans la Division XII (cuirs, peaux et caoutchoucs), les cuirs et peaux sont très protégés, ainsi que les articles de cuir manufacturés. Quant aux caoutchoucs non manufacturés, Ils entrent en franchise, tandis que les articles de caoutchouc manufacturés paient 35 et 25 pour 100.

Dans la Division XIII (papiers et papeterie), les papiers en général entrent en franchise au tarif impérial, avec 5 pour 100 de droits au tarif général. Cependant les cartons, papiers d'emballage et, d'une façon générale, la papeterie sont fortement protégés.

Dans la Division XIV (véhicules), les pièces détachées, châssis, entrent généralement en franchise à la colonne impériale, avec 10 pour 100 de droits au tarif général. Les cycles, motocycles, les carrosseries, les voitures de chemins de fer et tramways sont, par contre, hautement protégés (45 et 35 pour 100, 30 et 25 pour 100).

Dans la Division XV (instruments de musique), les instruments à cordes ou de cuivre pour orchestres ou fanfares paient 5 pour 100, avec franchise à la colonne impériale; les pianos, orgues, pianolas sont très fortement taxés.

La Division XVI enfin (divers) comprend toute une série d'articles, sans liens entre eux, dont plusieurs sont du reste particulièrement intéressants pour la France. Par exemple, les filés, modérément protégés, comportent une préférence de 5 pour 100 en faveur de la métropole; la maroquinerie-gainerie, la brosserie, les articles en celluloïd, or, ivoire, les pipes et accessoires pour fumeurs forment un groupe très protégé, avec préférence de 5 pour 100 pour l'Angleterre.

III. — Les relations douanières avec la France.

La question des relations douanières franco-australiennes appartient aux gouvernements français et australien. On comprendra que nous ne puissions la traiter dans cette brochure. Indiquons cependant, sans crainte d'être contredits par personne, que la France et l'Australie, nations alliées et amies, ne devraient pas s'opposer réciproquement leurs tarifs les plus élevés. Si l'on veut donner suite au désir, sincère de part et d'autre, de relations commerciales plus étroites, il faudra forcément envisager une forme quelconque d'entente douanière. Sans doute l'Australie voudra-t-elle continuer à protéger certains produits qu'elle manufacture, et cela est naturel; mais nous pourrions lui demander de se souvenir qu'elle ne produit pas tous les articles, que dans les articles qu'elle fabrique, elle ne se spécialise pas dans toutes les qualités, que nous vendons fréquemment des qualités supérieures qui intéressent sa consommation, mais pour lesquelles nous ne courons aucun risque d'apparaître en concurrents.... Dans ces conditions, rien ne s'oppose à ce qu'un large terrain d'entente ne soit aisément trouvé. C'est l'intérêt même de l'Australie, dont nous achetons la laine en si grandes quantités, que nous soyons à même de payer nos importations par des exportations. Nous ne doutons pas que ces arguments ne soient de nature à frapper très sérieusement nos amis de la Commonwealth, qui, maintes fois, ont exprimé devant la Mission leur désir de voir la France obtenir de leur gouvernement un traitement douanier favorable. Et, comme il n'y a de bon et de viable que ce qui est réciproque, ces observations s'appliquent également au traitement des produits australiens à leur entrée en France. L'Australie comprendra certainement que la France, grande nation agricole, exportatrice de produits agricoles, soit amenée à envisager, à cet égard, une protection raisonnable. Mais nous ne saurions oublier que nos compagnons d'armes de la Grande Guerre ont droit à une considération spéciale, et nous souhaitons que leurs produits soient largement admis en France, non seulement ceux qui jusqu'ici ont pénétré en franchise, mais ceux pour lesquels notre tarif maximum était naguère appliqué. Une bonne entente douanière n'est sans doute pas la condition *sine qua non* du développement des relations commerciales franco-australiennes, mais elle peut être un facteur primordial de ce développement.

CHAPITRE XIII

LES MÉTHODES
SUSCEPTIBLES DE DÉVELOPPER NOS EXPORTATIONS
SUR LE MARCHÉ AUSTRALIEN

L'avis unanime des Australiens et des Français rencontrés
en Australie par la Mission est que notre commerce d'exportation d'avant-guerre dans la Commonwealth était franchement insuffisant. Les raisons qui nous en étaient sug-
gérées sont d'une parfaite clarté et peuvent se résumer toutes
en une remarque essentielle : le contact direct entre l'Australie et la France n'existait pour ainsi dire pas.

De quelque point de vue qu'on envisage, en effet, nos relations commerciales d'avant-guerre avec l'Australie, cette
objection, toujours la même, revient avec une insistance frap-
pante. S'agit-il de notre représentation commerciale ? Nos
exportateurs n'étaient (à quelques exceptions près) que peu
ou pas représentés : on ne voyait presque jamais de voyageurs de commerce français. S'agit-il de notre publicité
commerciale ? Encore à quelques exceptions près, elle était
nulle. Il semble que, dans nombre de cas, nous n'ayons ni
su, ni même voulu faire la réclame nécessaire. S'agit-il de
transports maritimes ? Nos moyens étaient notoirement insuf-
fisants et nombre des échanges de marchandises entre la
France et l'Australie ne se faisaient pas sur bateaux français.

Pour ces diverses raisons, la France n'apparaissait aux
Australiens que comme une image lointaine, tandis que nos
produits n'y étaient, disons-le, qu'à peine connus. Sans doute,
avons-nous eu à lutter contre des difficultés spéciales : la
distance est énorme, les Australiens ne parlent pour ainsi dire

pas notre langue, la différence des mœurs, du climat, de l'environnement fait que nos articles d'exportation s'adaptent moins bien aux goûts australiens que les articles britanniques ou américains. Mais ces mêmes difficultés s'appliquaient à l'Allemagne et n'avaient point arrêté son expansion....

La situation que nous venons d'analyser peut donc changer de notre fait, si nous savons, si nous voulons faire ce qu'il faut. Jamais les circonstances ne se prêteront mieux à notre succès et il importe d'en profiter. Nous disions tout à l'heure qu'on ne nous connaissait pas. Ce n'est plus vrai : la guerre a répandu à travers le monde le prestige du nom français et nulle part ce prestige n'est plus éclatant qu'en Australie. Il suffit d'y dire qu'on est Français pour que toutes les portes s'ouvrent aussitôt. Les soldats australiens qui ont combattu en France (ils sont plusieurs centaines de mille) font et feront en notre faveur une propagande spontanée dont le prix est immense. Au même moment la cote de nos ennemis est au plus bas et il leur sera difficile de reprendre pied. La méfiance qu'on a d'eux, la mésestime qu'ils ont provoquée auront une répercussion certaine dans les affaires. A prix égal on sera enchanté en Australie d'acheter aux Français, non seulement par préférence aux Allemands, mais même par préférence à tout autre vendeur. C'est un sentiment qui a été maintes fois exprimé, devant la Mission, dans les milieux commerciaux. Les Australiens savent le rôle que nous avons joué dans la guerre et dans la victoire : ils nous en savent gré et désirent nous le témoigner.

Mais — nous insistons sur ce point — il faut agir vite. Le magnifique enthousiasme créé par la guerre et que le passage de la Mission a contribué à développer ne peut rester toujours au même diapason. Si nous ne profitons pas de suite des bonnes dispositions australiennes à notre égard, nous courons le risque de voir prise par d'autres la place qu'on ne demandait qu'à nous réserver, et il sera ensuite trop tard pour rattraper une occasion peut-être unique.

De l'enquête approfondie qu'à faite la Mission dans les

milieux australiens, il résulte que, si nous voulons développer sérieusement nos exportations dans la Commonwealth, l'effort français doit principalement se porter sur les points suivants : 1° représentation directe des produits français en Australie; 2° organisation efficace de notre publicité commerciale; 3° établissement d'une agence commerciale de France sur des bases véritablement pratiques ; 4° développement de relations maritimes directes entre la France et l'Australie.

I. — Représentation directe des produits français
en Australie.

Avant la guerre (sauf exceptions naturellement), cette représentation directe existait à peine, la plupart de nos affaires étant traitées par l'intermédiaire des maisons de Londres. Les maisons australiennes ont, en effet, presque toutes soit des agences, soit des acheteurs dans la capitale britannique, et c'est avec ces représentants que nos commerçants doivent traiter toutes les affaires. Le résultat dangereux du système est que, trop souvent, les Australiens ignorent la provenance française des produits français qu'ils reçoivent, ou, s'ils la connaissent, ignorent le nom du fabricant en France. Or les acheteurs australiens ont maintes fois manifesté devant la Mission le désir de voir eux-mêmes nos échantillons, afin d'être à même de donner des indications pour les achats à leurs maisons de Londres.

Il s'agirait donc d'établir en Australie des représentants qui montreraient directement nos produits à la clientèle. Sans doute sera-t-il très difficile d'avoir des agents français, mais ce n'est pas nécessaire. Il sera par contre aisé d'avoir des agents australiens, mais il faut les choisir avec soin. L'Agence commerciale de France en Australie sera toute désignée pour donner à cet égard les indications nécessaires à nos exportateurs.

Mais cela ne suffit encore pas. Il faut aussi que l'on voie, de temps à autre, des voyageurs français en Australie. Les

chefs de maisons ou bien à leur place des hommes responsa-
bles et compétents devront aller étudier sur place les besoins
de la clientèle. C'est cette méthode qui a permis aux Allemands, aux Japonais, aux Américains de développer considérablement leurs ventes, parce qu'ils connaissaient exactement,
par leurs voyageurs, les desiderata du marché : rentrés chez
eux, ils étaient à même de donner toutes les indications techniques à la fabrication. Nous ne voyons pas pourquoi la
France ne ferait pas de même. Il ne faut pas s'illusionner ;
on ne réussira pas sans cela.

II. — Publicité commerciale.

Dans les pays anglo-saxons la publicité est un chapitre que
l'on ne peut négliger ; le résultat de la négligence à cet égard
est fatal.

Ainsi que nous l'avons dit, notre publicité commerciale en
Australie a toujours fait preuve d'une grave infériorité. La
réputation de l'excellence de nos produits est sans doute va-
guement parvenue jusque dans la Commonwealth. Mais le public, ne connaissant pas les marques de nos produits, ne peut
pas les demander. Une grande quantité d'articles de fabrication étrangère sont répandus sur le marché, marqués « *French
made* », « *Paris Model* », « *Paris fashion* ». Par contre, des articles vraiment français ne sont pas connus comme tels, ar-
rivant soit par Londres, soit par New-York. Cent fois, des
acheteurs ont exprimé à la Mission leur désir de se procurer
de la marchandise française, mais ont en même temps déclaré
l'impossibilité où ils se trouvaient de le faire par suite d'un
manque en quelque sorte chronique d'informations : absence
de catalogues etc. Les journaux spéciaux français ne par-
viennent pas davantage. Du reste, ainsi que les catalogues,
ils n'ont aucune chance de réussir s'ils ne sont pas rédigés
en anglais, avec l'indication des prix et des mesures en anglais. Il faut absolument que nos journaux techniques fassent
un effort dans ce sens pour l'exportation ; sans quoi nous

sommes battus d'avance par les Américains, qui, avec un sens aigu de la réclame, rédigent leurs journaux spéciaux en trois ou quatre langués et tous leurs catalogues dans la langue du pays auquel ils sont destinés. En Australie ils ont l'immense avantage de retrouver leur propre langue : faisons disparaître, en employant nous-mêmes la langue anglaise, la flagrante infériorité qui en résulte pour nous.

Nous nous permettrons enfin de dire qu'il ne faut pas faire d'économies sur la publicité, que c'est la seule façon de faire payer l'opération. Les Allemands en Australie savaient à merveille « lancer » leurs produits, et il nous serait facile de citer nombre de cas où un cadeau habilement fait, un échantillon placé au bon endroit, une amabilité témoignée à « qui de droit » leur ont valu de fructueuses clientèles. La discrétion est, hélas, une qualité démodée des vieux pays : si nous ne nous chargeons pas nous-mêmes d'attirer sur nous l'attention de nos clients éventuels, celle-ci risque fort de se détourner vers des rivaux plus entreprenants.

III. — Création d'une agence commerciale de France.

Le gouvernement français a décidé la création d'une agence commerciale en Australie, création qui sera saluée avec joie non seulement par le commerce français mais par l'opinion australienne, sincèrement désireuse de resserrer les relations commerciales avec la France. Nous traiterons avec détail la question de l'organisation éventuelle de cette agence dans la dernière partie de cette brochure, consacrée aux diverses mesures susceptibles de resserrer les liens franco-australiens. Disons cependant dès ici que la création d'une agence commerciale française dans la Commonwealth sera extrêmement précieuse, à la fois pour diriger et pour seconder les efforts nécessaires que nous venons d'indiquer. C'est particulièrement dans la recherche des représentants et dans l'organisation générale de la publicité en faveur de nos produits qu'elle semble devoir être utile. Mais là encore il importe que son action ne tarde pas à s'exercer.

IV. — Développement de relations maritimes directes entre l'Australie et la France.

Nous n'avons pas l'intention de traiter cette question en détail, principalement parce que le problème d'une ligne de paquebots subventionnés entre la France et l'Australie fait actuellement l'objet d'une étude de la part du gouvernement. Nous sortirions de notre rôle en prenant parti pour telle ou telle solution....

Il importe cependant de dire ici à quel point l'établissement de relations maritimes étroites et directes entre la France et l'Australie s'impose actuellement. Le commerce suit presque normalement les lignes de navigation, et leur absence ou du moins l'absence de lignes directes est un obstacle terrible au développement des affaires. Les Allemands l'avaient si bien compris qu'ils avaient, avant la guerre, donné un grand développement à leur marine marchande. Pendant la guerre, une grande part dans le développement des exportations japonaises en Australie est due au fait que les Japonais possédaient, dans le Pacifique, une flotte commerciale propre à leur fournir le fret dont ils avaient besoin.

Nous possédions sans doute avant la guerre la Cie des Messageries Maritimes. Mais en raison même de la conception de la ligne France-Australie, ses bateaux, construits pour porter des passagers, ne pouvaient charger qu'une quantité minime de marchandises. Il importe donc qu'à côté de la ligne de passagers nous possédions une ligne de cargos, ou bien que nos bateaux de passagers soient conçus de manière à pouvoir prendre du fret. Si nous désirons vraiment développer notre commerce avec l'Australie, nous ne saurions nous désintéresser de la question des transports maritimes. Est-il besoin de dire que le fret Australie-France sera toujours abondant, que les laines, blés, viandes, minerais et métaux rempliront aisément les bateaux, quels qu'ils soient. Si le fret France-Australie se présente comme moins abondant, il ne faut pas le considérer comme inexistant, ni surtout comme ne pouvant pas être créé dans l'avenir. Nous espérons que le gouvernement français saura trouver une solution permettant à une ligne digne de la France de s'établir. Tout nous y invite, et au premier rang l'opinion australienne. Le prestige de la France est si grand là-bas, l'amitié pour nous est si sincère que notre drapeau, lorsqu'il paraîtra dans les ports australiens, y sera salué avec enthousiasme. Sachons profiter de ces dispositions encourageantes, en nous rappelant que si le dicton « le commerce suit le pavillon » n'est pas toujours vrai à la lettre, il comporte une large part de vérité.

Nous conclurons ce chapitre en observant qu'un champ d'action magnifique s'ouvre devant nos exportateurs, dans le monde entier sans doute, mais spécialement dans des pays comme l'Australie. Naguère, pendant de longues périodes, il a semblé que notre exportation s'endormait : nos produits ne tenaient pas sur les marchés du monde la place que méritait leur excellence. C'est que, fabricants hors pair, nous n'étions pas toujours aussi bons vendeurs que nos concurrents. La raison en était simple : la France, bénéficiant d'un équilibre économique admirable, n'avait pas besoin d'exporter ; créancière partout, débitrice nulle part, elle voyait l'or et les richesses affluer chez elle. Cette situation merveilleuse d'hier n'appartient plus, hélas, qu'au passé. Pour rétablir désormais notre balance commerciale déficitaire, avec nos créances extérieures remplacées par des dettes, nous devons considérer l'exportation comme une nécessité vitale. Un changement complet s'impose donc dans le caractère de notre commerce extérieur et par conséquent dans l'esprit et dans les méthodes de notre action. Si du reste certains facteurs qui hier nous appartenaient font défaut aujourd'hui, nous avons par contre un prestige tel que notre histoire n'en a jamais connu de plus grand et nous bénéficions presque partout, et notamment chez nos Alliés, d'une sympathie qui ne demande qu'à se traduire en actes. Abordons donc avec confiance le marché australien, mais disons-nous aussi que cela ne nous dispense pas de l'aborder avec habileté.

CHAPITRE XIV

QUELQUES COMMENTAIRES
SUR LES PRINCIPAUX ARTICLES
INTÉRESSANT LE COMMERCE D'EXPORTATION FRANÇAIS
EN AUSTRALIE

Dans les lignes qui suivent nous abordons, sans aucune prétention technique et en suivant la classification du tarif australien, l'examen des principaux articles intéressants pour nos exportations en Australie[1].

Eaux minérales. — Le tarif général est de 35 pour 100, le tarif impérial de 25 pour 100 *ad valorem.* Notre débouché était déjà d'une certaine importance avant la guerre et la disparition des eaux minérales autrichiennes et allemandes ne peut que l'augmenter. Une réclame bien faite est de nature non seulement à faire connaître nos principales eaux minérales mais encore à attirer des touristes australiens dans nos stations thermales.

Confiserie, chocolat, fruits confits et glacés. — Tarif général 40 pour 100, impérial 30 pour 100. L'industrie locale s'est récemment développée dans des proportions assez importantes, surtout pour la chocolaterie ; la qualité des produits a fait de réels progrès. Il reste néanmoins place pour les importations du dehors, principalement en ce qui concerne la confiserie fine. A cet égard nous rencontrions déjà avant la guerre la

---

1. Pour ce qui concerne nos ventes de c's divers produits en Australie nous renvoyons le lecteur à la statistique détaillée de nos exportations en 1913 et 1916-17. Cf. Annexe n° I, p. 157.

concurrence de la Suisse et de l'Angleterre ; il faut y ajouter maintenant la concurrence américaine. Nous ferons remarquer que, dans ces articles, l'emballage a une importance considérable. La vente de nos fruits confits, déjà fort appréciés, pourrait être largement développée.

Conserves alimentaires : — Pour les conserves de poissons le tarif général est de 1 penny 1/2 par livre poids anglaise et le tarif impérial de 1 penny. La seule exportation intéressante pour la France dans cet article nous paraît être la sardine ; le thon, les anchois et autres conserves de poissons sont d'une vente plus limitée. Pour les conserves de légumes il existe un tarif spécifique fortement protectionniste, avec une préférence impériale d'environ 33 pour 100. L'industrie locale se développe dans cette spécialité. Cependant les importateurs australiens nous ont souvent déclaré que les conserves de petits pois fins et haricots fins, ainsi que les conserves d'asperges, seraient toujours l'objet d'une forte demande. Ces qualités fines, produites par la France, ne trouvent pas de concurrence, même de la part des Etats-Unis, à l'exception toutefois des asperges de Californie. Les conserves de champignons trouveraient également, croyons-nous, un sérieux débouché. Quant aux conserves de viande, dont le tarif général est de 2 pence par livre anglaise et le tarif impérial de 1 penny 1/2, elles sont largement produites par l'industrie locale ; il y aurait peut-être cependant un débouché pour nos conserves fines (plats préparés notamment), qui, il faut le dire, ne sont guère connues en Australie. Nos foies gras — production si française — devraient se placer davantage dans la Commonwealth.

Textiles et articles d'habillement. — C'est de beaucoup le chapitre le plus intéressant pour l'exportation française. Nous nous heurtons pratiquement, dans tous les articles, à la concurrence étrangère. Quant à l'industrie locale, quoiqu'elle soit très développée, nous ne la rencontrons que sur un certain nombre de points. Remarquons du reste que les qualités produites en Australie ne sont pas généralement les mêmes que les qualités françaises, ce qui fait qu'un terrain d'entente sera toujours possible entre les deux pays. Nous croyons du reste que, même dans les articles fabriqués par l'industrie locale, la production n'est pas suffisante pour que l'Australie puisse se passer de l'étranger. Dans ces conditions un large débouché nous reste ouvert, d'autant plus que, dans cette spécialité, le prestige du goût français conserve toute son énorme importance.

Tissus de coton. — Le tarif général est de 5 pour 100, avec franchise au tarif impérial. La production locale est nulle et les besoins de la consommation sont très importants. Les principaux fournisseurs sont l'Angleterre, les États-Unis, et depuis la guerre le Japon. La France, qui faisait très peu sur ce marché, y est désormais intéressée tout particulièrement du fait du retour de l'Alsace-Lorraine à la France : les cretonnes et les shirtings d'Alsace y sont notamment très appréciés.

Tissus de soie. — Le tarif est de 20 pour 100 (général), avec 5 pour 100 de réduction au tarif impérial. Pas de concurrence de l'industrie locale, mais une forte concurrence du Japon, des États-Unis, de l'Italie et de la Suisse. Depuis la guerre, les États-Unis et le Japon ont considérablement développé leurs affaires. Le débouché australien est extrêmement intéressant pour la France, surtout dans la petite nouveauté. Les tissus japonais, qui ont récemment inondé le marché australien, ne donnent pas toute satisfaction à la clientèle, sinon par leur prix relativement bas. Les acheteurs réclament aujourd'hui l'article français avec insistance, même à prix supérieur. Il faut envisager comme très sérieuse la concurrence des États-Unis.

Soie artificielle. — Le tarif est le même que pour les tissus de soie. Là encore, les États-Unis sont les principaux vendeurs. Il s'agit surtout de tricots, vêtements de sports, etc.

Tissus de laine. — Le tarif est prohibitif : 35 pour 100 au tarif général et 30 pour 100 au tarif impérial. L'industrie locale est, en effet, fort développée et continue de progresser, activement soutenue par les pouvoirs publics. Il y aurait cependant à faire, malgré la concurrence locale et la concurrence anglaise, pour nos tissus fins et légers genre Roubaix, qui sont très en demande dans la clientèle et dont le besoin s'est fait sentir pendant toute la guerre.

Tissus de lin. — Le tarif est de 5 pour 100, avec franchise pour l'Angleterre. Cette préférence et la cherté relative de notre production nous ont empêchés jusqu'ici de développer nos affaires.

Tissus de jute. — Ces tissus, très intéressants pour l'Australie, entrent en franchise.

Dentelles et broderies. — Le tarif est de 20 pour 100 (général), 15 pour 100 (impérial). Pas de production locale. Nos principaux concurrents sont l'Angleterre, et, depuis la guerre, le Japon et surtout la Chine ; pour la broderie, la Suisse.

Rubans, garnitures et galons. — Le tarif est de 25 pour 100 (général) et 15 pour 100 (impérial). Il n'y a pas d'industrie locale ; par contre, la concurrence étrangère est assez forte : avant la guerre, la Suisse et l'Allemagne faisaient un gros chiffre d'affaires, surtout dans les rubans ; les États-Unis, depuis la guerre, ont également pris une place importante sur le marché australien. Depuis plusieurs années nos ventes étaient en décadence, elles sont devenues presque nulles. Il y a pourtant là un marché intéressant que nos industriels ne devraient pas abandonner. Sous cette même rubrique, les galons et coiffes pour chapeaux sont susceptibles de trouver en Australie un débouché intéressant.

Fleurs et plumes. — Le tarif est, pour les fleurs, de 30 et 25 pour 100. L'industrie locale s'est considérablement développée depuis quelques années, mais nous croyons qu'une importation de fleurs artificielles françaises sera toujours nécessaire, le fini et le bon goût de cet article, essentiellement parisien, étant difficilement imitables. Pour la plume préparée, la seule qui nous intéresse, le tarif est de 30 et de 25 pour 100. L'Australie prohibe l'importation de certains plumages (paradis, lophophores, hérons, martin-pêcheurs, etc.), principalement pour empêcher la destruction de certaines races d'oiseaux. Les protestations que la Mission a cru devoir faire contre ces prohibitions, sur la demande de la Chambre syndicale des fabricants de plumes de Paris, sont restées vaines. L'industrie locale de la plume d'autruche se développe considérablement. En dehors de cette spécialité, une place assez importante reste ouverte à nos ventes.

Corsets. — Le tarif général est de 15 pour 100, le tarif impérial de 10 pour 100. Il se fait en Australie une très grosse importation de corsets, surtout dans les articles bon marché. La France pourrait y trouver un important débouché. Malheureusement les fabricants français n'ont pas su adapter leurs modèles aux besoins de la consommation, qui s'est rejetée sur les modèles qu'envoient surtout les États-Unis, le Canada et l'Angleterre. Ces pays ont su copier industriellement les modèles créés par les corsetières, alors que nos fabricants s'attardaient à des formes anciennes. La réclame joue, dans cet article, un très grand rôle.

Vêtements confectionnés et mi-confectionnés pour hommes, femmes et enfants. — Les vêtements confectionnés ou mi-confectionnés pour hommes, femmes et enfants sont soumis à un tarif absolument prohibitif ; la préférence impériale elle-même équivaut à une prohibition. C'est le résultat de la prépondérance de l'industrie locale, qui se contente d'importer les modèles pour les copier. Il paraît difficile, dans ces conditions, de lutter contre la production australienne.

Fourrures. — Le tarif est de 35 et 30 pour 100 pour les fourrures confectionnées. Cette industrie est fort peu développée en Australie, mais ce tarif élevé procède de l'ambition de l'accroître. Nous ne croyons pas cependant que cette ambition soit actuellement réalisable. Il y a, du reste, en Australie un débouché important, surtout pour les fourrures bon marché, et l'on admet la supériorité de la teinture de nos fourrures. Notre principal concurrent est actuellement l'Amérique.

Gants. — L'industrie locale ne fait pas le gant de ville et se limite au gant de travail. Le tarif reflète cette distinction : il est, pour le gant de travail, de 30 et 20 pour 100, et, pour tous les autres gants, de 15 et 10 pour 100. Cette seconde catégorie seule intéresse la France. Nous avons toujours eu en Australie un très gros marché, surtout pour le gant de peau pour dames, article pour lequel l'Italie est devenue un sérieux concurrent (principalement dans le gant d'agneau). Pendant la guerre, la presque impossibilité d'obtenir le gant de peau a développé l'usage du gant de coton ou de soie : cet article, qui était autrefois vendu par l'Allemagne, est actuellement vendu par l'Angleterre, le Japon et les États-Unis. L'Angleterre et le Japon fabriquent surtout le gant de coton, les États-Unis le gant de soie. Il y aurait là, croyons-nous, pour l'industrie française, une place très intéressante à prendre. Quant au gant d'hommes, la vente en est assez limitée, car dans ces climats chauds les hommes portent peu de gants. La concurrence anglaise est la principale que nous ressentions.

Chapeaux. — Le tarif est prohibitif : 40 pour 100 (général), 35 pour 100 (impérial), ceci pour tous les genres et toutes les qualités. L'industrie locale fabrique l'article bon marché et moyen et fait de gros efforts pour accroître sa production. Il faut distinguer le chapeau d'hommes et le chapeau de femmes. Nous craignons que, pour le chapeau de femmes, il y ait peu à faire, sauf pour quelques articles de prix élevé (modèles en particulier, qui sont immédiatement copiés par milliers). En ce qui concerne le chapeau d'hommes, il y aurait à faire un effort dans le bel article (feutres de poil). Mais là nous nous heurtons à une concurrence croissante des États-Unis, qui porte même préjudice à nos plus redoutables concurrents d'avant-guerre, Anglais et Italiens. Dans cette catégorie entrent aussi les bonnets de lingerie (*boudoirs caps*) pour dames et les bonnets d'enfants, qui nous paraissent susceptibles d'intéresser notre exportation.

Bas et chaussettes. — Le tarif général est de 30 pour 100, le tarif impérial de 25 pour 100, pour les articles de laine et les articles de soie ; les bas de coton paient 10 pour 100 au tarif général et jouissent de la franchise au tarif impérial. Nous n'avons qu'un débouché très minime à espérer dans les articles de laine, en raison du développement considérable de l'industrie locale. Par contre, les bas de coton et de soie pourraient trouver en Australie un marché sérieux. Nos concurrents principaux sont, pour le coton, l'Angleterre et le Japon ; pour la soie, les États-Unis, qui arrivent à des prix d'un excessif bon marché.

Bretelles et jarretières. — Le tarif général est de 25 pour 100, le tarif impérial de 20 pour 100. L'industrie locale, n'ayant pu se procurer ces articles en France pendant la guerre, essaie de les fabriquer. On reconnaît cependant l'excellence de notre fabrication, et nos bonnes marques françaises jouissent toujours d'une grande renommée en Australie.

Parapluies et ombrelles. Dans cet article, l'Angleterre ne jouit d'aucune préférence, et les droits au tarif général sont de 25 pour 100. Nous avons trouvé en Australie un marché intéressant, surtout pour l'ombrelle de femme. Le Japon exporte une quantité assez considérable de cannes et montures pour parapluies, qui sont assemblées par l'industrie locale. Notre principal concurrent reste cependant l'Angleterre.

Nous terminons ici nos observations relatives aux textiles et à l'habillement. Comme on le voit, malgré des droits généralement élevés, l'industrie française est susceptible d'accroître largement ses ventes, si, tout en restant fidèle à des traditions qui lui méritent un prestige encore incomparable, elle sait s'adapter, au moins dans une certaine mesure, aux goûts d'une clientèle qui sait apprécier les qualités artistiques de notre fabrication.

Huile d'olive. — Les droits sont de 2 shillings 6 au tarif général et de 2 shillings au tarif impérial par gallon. L'Australie se prête très bien à la culture de l'olivier, mais la rareté de la main d'œuvre et sa cherté sont un grave obstacle au développement de cette production, de telle sorte que des importations étendues restent et resteront vraisemblablement nécessaires. L'excellence de nos huiles n'est pas contestée, mais nous avons cependant dans l'Italie un concurrent avec lequel il faut compter.

Produits chimiques. — Les produits chimiques forment une classe très importante du tarif australien, avec des droits extrêmement variés. Dans une étude aussi succincte que celle-ci et étant donné notre manque de spécialisation technique, nous ne pouvons prétendre entrer dans des détails qui nous entraîneraient beaucoup trop loin. Bornons-nous cependant à mentionner, d'une façon tout à fait particulière, les teintures : pour cet article, l'Angleterre jouit de la franchise, le tarif général étant de 5 pour 100. Depuis que l'Allemagne n'est plus en état de fournir le marché, il y a un besoin pressant de teintures en tout genre : c'est une occasion dont nous devrions savoir profiter. L'Angleterre, les États-Unis et le Japon ont fait un gros effort dans ce sens : la France devrait prendre une place considérable, que l'Australie semble toute prête à lui accorder.

Produits pharmaceutiques. — Le tarif général est de 20 pour 100, avec 15 pour 100 à la colonne impériale. Il y a, pour les spécialités pharmaceutiques en particulier, un débouché de premier ordre, pourvu toutefois que notre réclame (facteur essentiel en l'espèce) soit bien organisée. Elle devrait s'adresser, entre autres, aux universités et aux médecins. La concurrence locale commence à se faire sentir d'une façon sérieuse, mais ce sont surtout les maisons anglaises et américaines qui, ayant établi des succursales sur place, dominent actuellement le marché.

Il est intéressant de noter que les sérums et produits bactériologiques entrent en franchise.

Vernis et couleurs. — Pour les vernis, le tarif est de 3 shillings (général) et 2 shillings 6 (impérial) par gallon. Le gros fournisseur de l'Australie est l'Angleterre, contre laquelle il nous a toujours été fort difficile de lutter.

En ce qui concerne les couleurs, le tarif, en général spécifique avec une préférence pour l'Angleterre, est extrêmement varié. La plupart des couleurs viennent d'Angleterre et d'Amérique. On nous a particulièrement signalé, comme étant demandées, les couleurs sèches pour encres à imprimer; le noir végétal et le noir de charbon, qui sont utilisés pour ces encres, viennent principalement d'Amérique. Celle-ci, de même que l'Angleterre, importe en quantités considérables des chromes jaunes et chimiquement purs. Toutes les nuances de bleus et les rouges bon marché se vendent très bien. Les fabricants d'encres à écrire demandent surtout des bleus d'aniline et des bleus purs qui résistent à l'action de l'acide gallique. Le bleu d'outre-mer nous a été demandé pour la fabrication du bleu de blanchissage : un seul fabricant de Melbourne en emploie de 6 à 7 tonnes par mois.

Crème de tartre et acide tartrique. — La crème de tartre entre en franchise au tarif impérial et est frappée d'un droit de 5 pour 100 au tarif général. La France était, avant la guerre, le fournisseur presque unique de cet article, qui est toujours en demande considérable et sur lequel nous attirons tout spécialement l'attention de nos exportateurs.

Porcelaines, faïences et terres cuites. — Il n'y a pas d'industrie locale, et cependant le tarif est de 25 pour 100 (général) et de 20 pour 100 (impérial). Les concurrences étrangères sont redoutables, notamment celle de l'Angleterre, et surtout celle du Japon, dans les basses qualités. Il y aurait là, pour nous, un intéressant débouché.

Tuiles. — Le tarif est de 30 pour 100 (général) et 25 pour 100 (impérial). Ce même tarif s'applique aux tuiles de couverture et carrelages, à la céramique, aux ardoises de toitures. Pour les tuiles de couverture, l'Australie, avant la guerre, dépendait largement de l'importation étrangère et notamment française : nos ventes de tuiles de Marseille étaient importantes. La difficulté d'importer depuis la guerre les tuiles de Marseille, par suite de la rareté et de la cherté du fret, a suscité la création d'une industrie locale qui visera à se maintenir. Nous croyons néanmoins que, du jour où le fret redeviendra normal, notre industrie de Marseille pourra de nouveau lutter avec avantage sur le marché australien. Les carrelages et céramiques ont, en Australie, un débouché intéressant, étant donné le grand nombre de constructions toujours en cours.

Verres en plaques et miroirs. — Les verres en plaques paient 2 shillings 3 au tarif général et 2 shillings 3 au tarif impérial. Il y aurait énormément à faire dans le verre à vitre, et de nombreuses invites nous ont été faites dans ce sens. Avant la guerre, la Belgique était un des gros fournisseurs de l'Australie, avec l'Angleterre. L'industrie locale est peu développée. Pour les miroirs, les glaces ayant une surface de plus de 25 pieds paient 30 pour 100 au tarif général et 25 pour 100 au tarif impérial ; les grandes glaces paient un droit spécifique de 11 shillings (général) et 10 shillings (impérial) par 100 pieds carrés. Nous croyons qu'il y aurait en Australie un débouché à suivre en ce qui concerne cet article.

Verrerie, bouteilles et gobeleterie. — La verrerie, en général, paie 25 pour 100 au tarif général et 20 pour 100 au tarif impérial, avec une exception cependant pour les appareils scientifiques, les cuves pour batteries électriques, etc., lentilles et prismes, qui entrent en franchise (impérial), en payant 5 pour 100 au tarif général. Les bouteilles subissent, suivant leur capacité, des droits assez variés : la petite bouteille de pharmacie, jusqu'à cinq drams, entre en franchise (impérial) et paie 5 pour 100 au tarif général. Les autres bouteilles paient 30 pour 100 (impérial) et 40 pour 100 (général). La gobeleterie et la cristallerie, 25 pour 100 et 20 pour 100. Les appareils scientifiques en verre, les instruments d'optique sont certainement très intéressants pour la France ; nous pouvons prendre là la place de l'Allemagne, car l'industrie locale n'a jamais fait ce genre d'articles. Les bouteilles sont particulièrement intéressantes, surtout les bouteilles à vin, bordelaises, bourguignonnes et autres, dont il se fait une consommation considérable pour l'expédition des vins australiens. La Belgique était le gros fournisseur avant la guerre, mais devant l'impossibilité où elle s'est trouvée de continuer ses livraisons, l'industrie australienne a fait un effort considérable pour fabriquer elle-même, effort qui demeure, toutefois, notablement inférieur aux demandes de la clientèle. On nous a souvent parlé des bocaux pour conserves et bocaux fantaisie pour la confiserie, qui, en général, venaient d'Allemagne. La gobeleterie était surtout fournie, avant la guerre, par l'Angleterre et l'Allemagne. Depuis la guerre, le Japon a largement pris la place de cette dernière, surtout dans les articles bon marché. Mais, jusqu'à présent, sa fabrication est loin de satisfaire la clientèle.

Colles et gélatines. — Pour les colles sèches, le tarif est de 2 pence (général) et 1 penny 1/2 (impérial) par livre. Pour les colles liquides, le tarif est de 30 et 25 pour 100. L'industrie locale se développe de plus en plus, parallèlement à celle des peaux et frigorifiques. Pour les gélatines, le tarif est de 2 pence et de 1 penny 1/2 par livre. La demande nous en a paru très importante, bien que l'industrie locale soit active : il est vrai qu'elle ne fournit guère que des gélatines de basse qualité. On nous a surtout mentionné des demandes de gélatines pour la cuisine et la confiserie.

Bijouterie. — La bijouterie, sous toutes ses formes, paie 40 et 30 pour 100 (impérial) pour la bijouterie d'or et d'argent, 45 et 35 pour 100 pour la bijouterie d'imitation. Dans la bijouterie or, nous craignons que la France ne trouve pas en Australie un débouché important. Depuis quelques années, en effet, l'industrie locale a beaucoup accru sa production et fabrique des modèles forcément mieux adaptés que les nôtres aux goûts spéciaux de la clientèle. Par contre, dans la bijouterie d'imitation montée avec des pierres fausses, il y a un marché important à développer pour nous. La pierre précieuse et semi-précieuse, qui était entre les mains des Allemands, trouverait dans la Commonwealth un débouché d'une certaine importance. Il faut noter également que l'Australie est grosse productrice de pierres semi-précieuses : elles étaient, avant la guerre, achetées et taillées presque exclusivement par les Allemands. Nous croyons qu'une grande partie des pierres produites en Australie pourraient intéresser les tailleries françaises.

Horlogerie. — Le tarif est de 30 pour 100 (général) et 20 pour 100 (impérial). Il n'y a pas d'industrie locale et les besoins du marché sont considérables. Nous nous heurterons cependant à la concurrence de la Suisse, de l'Angleterre et des États-Unis, dont les procédés de réclame sont extrêmement entreprenants. Pour la pendule, on nous a demandé des mouvements, l'Australie faisant de plus en plus elle-même ses cages. Le réveil trouverait éventuellement un débouché, mais les États-Unis et le Japon sont très forts dans cet article.

Articles de Paris, jouets. — L'article de Paris, en général, paie 30 pour 100 (général) et 20 pour 100 (impérial). La concurrence locale se fait sentir de plus en plus, mais il y aura toujours là pour nous un champ d'action très vaste, car le goût français n'a pas de peine à s'imposer. Pour les jouets, la concurrence la plus importante est celle du Japon, dont les articles ont remplacé le jouet allemand. Nous trouverons cependant là aussi un sérieux débouché.

Chaussures. — Le tarif est de 40 pour 100 (général) et 35 pour 100 (impérial) pour la chaussure en général. L'industrie locale s'est considérablement développée durant les dernières années ; il s'est monté de très grosses affaires, qui sont seulement capables de faire face aux besoins australiens, mais sont dès aujourd'hui décidées à exporter, en quantités notables, la chaussure de travail à des prix relativement bas. L'industrie française pourrait cependant trouver dans la Commonwealth une clientèle pour les chaussures fines, spécialement pour les chaussures de femmes (chevreau glacé, vernis, souliers de bal). Les caoutchoucs et chaussures à semelles de caoutchouc sont taxées de 30 et 25 pour 100. L'Australie n'en produit pas, ce qui laisse la place libre à une importation étrangère. La concurrence américaine est, pour l'ensemble de cette rubrique, la plus dangereuse.

Papiers et cartons. — Les papiers en général entrent en franchise au tarif impérial, avec droit de 5 pour 100 pour les autres importateurs.

Les papiers d'emballage et cartons paient en général 25 pour 100 et 30 pour 100 au tarif général, et 20 pour 100 et 25 pour 100 au tarif impérial. L'Australie, en fait de papier, ne fabrique guère que le papier d'emballage et le carton. Il y aurait certainement beaucoup à faire pour la France dans les belles qualités (papiers à lettres, papiers à dessin, papier pur chiffon, bristol....). Nos principaux concurrents seraient l'Angleterre, la Norvège et éventuellement le Canada.

Papeterie et fournitures de bureau. — Les livres en général entrent en franchise (livres imprimés, livres d'écoles, romans, etc.). Les livres de commerce, de comptes, carnets de chèques, cahiers et carnets paient 35 pour 100 et 30 pour 100 (impérial). On accorde la franchise impériale aux publications de modes ; les publications étrangères paient 10 pour 100. Il y a une taxe de 40 et 35 pour 100 sur les imprimés (articles de réclame, catalogues, prospectus, cartes d'échantillons). Les garnitures de bureau paient 35 et 30 pour 100 (impérial), les crayons, porte-plumes, stylos sont taxés de 5 pour 100 au tarif général et jouissent de la franchise au tarif impérial. Les mêmes articles, en boîtes de fantaisie, paient 30 et 25 pour 100. On nous a fait souvent remarquer qu'il était fort difficile de se procurer des livres français en Australie et surtout de la bonne littérature française. Il y a un grand nombre de gens qui admirent la France et désirent connaître davantage notre production littéraire : il faut leur en faciliter les moyens. Nous croyons que certaines éditions populaires de grands écrivains français, classiques et modernes, trouveraient un public pour leur faire un excellent accueil. A plusieurs reprises également les milieux universitaires nous ont manifesté le regret de ne pas posséder davantage de livres français vulgarisant les découvertes et les méthodes de la science française. Les auteurs et éditeurs allemands avaient su faire, parmi les universités et le grand public, la publicité nécessaire. On connaît sans doute le nom de nos grands savants, mais trop souvent leurs œuvres restent ignorées. La bonne volonté australienne nous est cependant acquise et nous trouverons certainement, non seulement dans les universités, mais même dans les écoles secondaires, publiques ou privées, l'aide la plus sincère.

Les publications de modes constituent pour nous, en Australie, un article particulièrement intéressant d'exportation, parce qu'elles sont un facteur essentiel de notre publicité. Elles serviraient non seulement à propager le goût français, mais aussi à développer nos ventes de tissus et vêtements dont on connaît la prépondérance dans nos exportations. Si nos grands journaux de modes faisaient périodiquement une édition en langue anglaise, il n'y a pas de doute que le commerce français n'en bénéficierait largement. Les frais de pareilles publications pourraient du reste être en partie compensés par la publicité que ne manqueraient pas d'y insérer les grandes maisons de modes et les industriels français. Les Américains se sont parfaitement rendu compte du profit qu'ils pouvaient tirer de semblables publications, et les magazines et journaux de modes américains sont les seuls qui soient vendus en Australie. Nous avons du reste constaté, non sans amertume, que, pour l'achat de leurs modèles, les acheteurs des grandes maisons de nouveauté se rendaient actuellement en Amérique, au lieu de venir en Europe comme ils le faisaient précédemment.

Pour les articles de réclame, catalogues et prospectus, les commerçants australiens et même le public se sont plaints à plusieurs reprises de ne jamais recevoir les catalogues de nos grandes maisons. Nous croyons que le commerce français retirerait un avantage immédiat et certain de la publication en anglais de ses catalogues et prospectus, avec indications de prix et de mesures en anglais.

Quant aux fournitures de bureau nous rencontrerons, de la part de l'Angleterre, une concurrence très sérieuse.

Papiers peints. — Le tarif général est de 20 pour 100, le tarif impérial de 15 pour 100. L'article français intéresse la clientèle, qui en reconnaît le bon goût et le caractère essentiellement artistique. On nous a cependant objecté que la largeur de nos papiers et la dimension de nos rouleaux ne correspondaient pas aux mesures adoptées dans les pays britanniques. Certains de nos industriels français s'en sont rendu compte et nous ont dit qu'ils étaient tout disposés à aller au-devant des désirs de la clientèle australienne. Étant donné le grand développement de la construction dans la Commonwealth, il y aurait un débouché intéressant pour cet article, l'industrie locale n'existant pas.

Instruments de musique. — Les instruments de cuivre ou à cordes pour orchestre et fanfares ainsi que les pièces détachées jouissent de la franchise impériale et sont taxés de 5 pour 100 au tarif général. Il en est de même pour les tuyaux d'orgue. L'industrie locale ne fabrique pas cette catégorie d'articles, dont l'importation pourrait être très intéressante pour nous.

Nos industriels trouveraient aussi un débouché de moindre importance pour la vente des orgues, pianos mécaniques, boîtes à musique, qui sont taxés de 25 pour 100 et 20 pour 100 (impérial).

Mais la vente la plus intéressante pour l'industrie française est celle des pianos. Le tarif malheureusement nous semble prohibitif; les pianos droits paient £ 8 (tarif général) ou 7 (tarif impérial), ou *ad valorem* 40 pour 100 et 30 pour 100; les pianos à queue sont taxés de £ 15 et 12, ou *ad valorem* 40 et 30 pour 100. La disparition du piano allemand laisse à la France un très beau champ d'action. Nòtons cependant que l'Allemagne exportait surtout des pianos très bon marché (£ 12 à 20), dont le prix répondait parfaitement aux désirs de la clientèle australienne : il n'y a pour ainsi dire pas en Australie de maison ou de ferme qui n'ait son piano. Les Américains, en présence de cette situation, se sont déjà mis en mesure de fournir des instruments relativement bon marché; les Japonais, eux, présentent des modèles à £ 20 ou 25. Il y a cependant une vente, limitée du reste, pour les instruments de prix plus élevés, mais nous trouvons là la concurrence de l'Angleterre.

Peignes, articles de toilette, articles de celluloïd, etc. — Le tarif est pour les peignes de 25 pour 100 et 20 pour 100 (impérial), et pour les articles de celluloïd (articles d'ivoire, os, etc.) de 30 et 25 pour 100. Nous n'avons pas à redouter la concurrence de l'industrie locale. Par contre, celle du Japon et de l'Angleterre se fait vivement sentir. Nous pourrions cependant prendre une part de la place, très importante, qu'occupait l'Allemagne.

Brosserie. — Le tarif est de 35 et de 30 pour 100 (impérial). La brosse française — brosserie fine —, qu'on n'a pas pu importer pendant la guerre, est en grande demande. Les produits étrangers, anglais, américains, japonais, n'ont pas donné entière satisfaction à la clientèle. Il y aurait donc beaucoup à faire. Pour la grosse brosserie, dont l'Allemagne avait presque le monopole, nous devrions chercher à développer notre exportation. Les pinceaux et brosses d'artistes (tarif : 5 pour 100 et franchise impériale) nous paraissent aussi intéressants.

Pipes et accessoires de fumeurs. — Voici une industrie particulièrement française, dont l'exportation mérite d'être non seulement maintenue mais développée. Le tarif général est de 25 pour 100, le tarif impérial de 20 pour 100. L'Australie ne fabrique pas cet article. Depuis la guerre, par suite de l'impossibilité d'exporter nos produits, la concurrence étrangère a augmenté : le Japon et l'Angleterre surtout ont accru leur activité. Nous ferons cependant remarquer que les pipes vendues à l'Australie par l'Angleterre sont généralement d'origine française et ne sont que finies et montées en Angleterre. La vente par agents directs nous paraît devoir être recommandée pour cet article plus particulièrement que pour aucun autre, car elle ferait connaître l'origine française d'un certain nombre de marques que l'on croit anglaises. Les accessoires de fumeurs (fume-cigares, fume-cigarettes, étuis, etc.) ont un très gros débouché, la supériorité de nos produits français étant reconnue. Il est cependant bon de noter, dans les articles bon marché, la concurrence de l'Angleterre, des États-Unis et du Japon.

Instruments scientifiques, chirurgicaux, optiques, en verre et autres. — Les instruments scientifiques en général entrent en franchise. Depuis que l'Allemagne a disparu du marché il y a énormément à faire. Une réclame habile, notamment auprès des universités, dans les milieux médicaux et scientifiques, serait de nature à faire connaître nos appareils. Les Allemands, par des cadeaux habiles, par des prospectus scientifiquement et intelligemment rédigés, en langue anglaise, avaient su introduire leurs marques. Nous pouvons adopter leurs méthodes, dont l'expérience a prouvé la valeur.

Lunetterie, jumelles, appareils de photographie, cinémas, gramophones. — Pour les lunettes et la lunetterie, le tarif est de 10 pour 100 (général) avec franchise à la colonne impériale. En raison de l'absence d'industrie locale, les chances d'importation sont intéressantes. Nous avons remarqué que la plupart des articles, surtout les lunettes d'autos, sont d'origine française.

Les lorgnettes et longues-vues paient 30 et 20 pour 100. Notre programme devrait être de remplacer les jumelles allemandes, dont la réputation était très grande.

Les objectifs pour appareils photographiques paient 5 pour 100, avec franchise impériale. Pour ces articles, l'Allemagne possédait une incontestable notoriété ; elle inondait le marché de catalogues scientifiques, fort bien rédigés. Nous devrions faire un effort considérable pour occuper la place que l'Allemagne laisse libre.

Les cinémas paient 35 et 25 pour 100 (impérial) ; les films non exposés entrent en franchise ; les gramophones et disques paient 10 pour 100 au tarif général et jouissent de la franchise à la colonne impériale. Dans ces deux articles, nos industriels devraient, croyons-nous, faire un effort tout particulier pour concurrencer les États-Unis, qui sont actuellement à peu près l'unique vendeur. Nous avons là un excellent moyen de propagande française, propre à mettre en valeur les productions artistiques de notre pays. Le phonographe, d'autre part, peut vulgariser nos opéras et, d'une façon générale, la musique française, malheureusement trop peu connue dans les pays anglo-saxons.

Coutellerie, orfèvrerie métal, métal blanc. — Pour la coutellerie, le tarif général est de 20 pour 100, le tarif impérial de 10 pour 100. L'Angleterre, avec ses articles de Sheffield, est le principal concurrent. L'Allemagne, cependant, exportait toute une série d'articles bon marché, qui pourraient très certainement intéresser notre industrie. Pour l'orfèvrerie, le tarif est de 35 pour 100 (général) et 30 pour 100 (impérial). Il nous a toujours été fort difficile de lutter, dans ce domaine, contre l'Angleterre. Pour le métal blanc, il y aurait certainement un débouché important : l'Allemagne avait pris, à cet égard, une place prépondérante, surtout dans l'orfèvrerie légère et de prix modéré. Les États-Unis, d'autre part, qui ne faisaient rien avant la guerre, se sont lancés depuis quatre ans, mais surtout dans l'article riche.

Quincaillerie. — Le tarif est de 10 pour 100 (général) avec franchise à la colonne impériale. Nous avons trouvé dans les milieux gouvernementaux et commerciaux un désir sincère d'accueillir avec empressement les articles de quincaillerie français. L'industrie locale est peu importante et la demande de la clientèle est étendue. Quelques usines métallurgiques commencent à faire des vis, des boulons et des clous, mais la plupart des articles sont fournis par l'Angleterre et les États-Unis. Il y aurait pour nous un débouché intéressant, surtout en ce qui concerne le petit outillage, les ustensiles de cuisine, etc. Nous attirerons particulièrement l'attention sur les articles d'aluminium, qui nous ont été fréquemment mentionnés. Les articles de fer émaillé sont très demandés depuis la disparition de la fabrication autrichienne. L'Amérique et le

Japon sont, à cet égard, les fournisseurs actuels,mais l'article japonais, en particulier, n'a jusqu'ici donné que peu de satisfaction. Il y aurait donc là une occasion pour nous.

Métallurgie et machines. — En général, les métaux paient 10 pour 100, avec franchise à la colonne impériale; les barres, plaques, tuyaux, etc. paient 20 pour 100 et 15 pour 100 (impérial); les rails, éclisses, aiguilles et, en général, tout ce qui a trait à la construction des voies de chemins de fer, 25 shillings par tonne au tarif général et 17 sh. 6 au tarif impérial; les fils de fer, articles particulièrement intéressants, jouissent de la franchise impériale et subissent une taxe de 5 pour 100 au tarif général. Les fils de fer barbelés paient 20 et 10 pour 100; les grillages 10 pour 100, avec franchise impériale. Les machines, en général, paient des tarifs excessivement variés, ainsi que le petit outillage, le matériel de construction, etc. Les machines électriques (dynamos, transformateurs, etc.) sont taxées de 30 et de 25 pour 100. L'appareillage électrique (tableaux de distribution, interrupteurs, etc.) paie 30 et 20 pour 100; les ustensiles de cuisine et de chauffage, 20 et 10 pour 100. La franchise impériale est accordée aux téléphones et tableaux de distribution téléphoniques, qui sont taxés de 10 pour 100 au tarif général. Il y a aussi une taxe de 10 pour 100, avec franchise impériale, pour les accumulateurs, batteries, lampes à arc, câbles et fils électriques, anodes et cathodes, charbons pour lampes à arc, etc.

D'une façon générale, l'industrie australienne produit plutôt la grosse métallurgie : la guerre lui a permis de se développer dans ce sens; elle construit également certaines catégories de machines, notamment les machines agricoles. Pour la construction métallurgique, la cherté de la main-d'œuvre, le prix élevé des matières premières nous paraissent avoir jusqu'ici limité son essor. Dans ces conditions, l'Australie reste dépendante de l'importation. L'excellence des machines anglaises et françaises est reconnue, mais le bon marché de la construction américaine lui a permis de prendre une place prépondérante. La France pourrait donc trouver en Australie, pour les produits métallurgiques, un débouché intéressant. Mais c'est surtout la vente des machines électriques qui nous paraît de nature à intéresser notre exportation. L'industrie locale ne produisant absolument pas cet article, nous avons été fréquemment sollicités à son sujet, alors que nous étions en Australie. La Tasmanie, en particulier, envisage un important programme d'installations hydro-électriques : nos industriels pourraient trouver là l'occasion de fournitures intéressantes, turbines, générateurs électriques, transformateurs, tuyaux jusqu'à 60 pouces de diamètre et un pouce d'épaisseur, câbles pour transport de force à haute tension, isolateurs, etc.

Il y aurait également un débouché intéressant pour le petit outillage métallurgique et les machines-outils.

S'il nous est fort difficile de lutter avec l'Amérique et l'Australie elle-même pour les machines agricoles, il y aurait cependant une vente intéressante pour le petit outillage agricole (bêches, râteaux, pioches, fourches à foin, à fumier, charrues, herses, machines à hacher la paille, machines à traire, écrémeuses, tondeuses mécaniques et à main pour la tonte des moutons, groupes électrogènes et gazogènes avec moteurs) et, en général, tout ce qui a trait à l'agriculture moderne.

L'outillage minier mérite également de retenir notre attention. Les mines d'or, de cuivre, de fer, d'argent, d'étain, de plomb, de charbon, etc., dont l'Australie est si largement pourvue, sont un débouché certain pour notre industrie. Les câbles d'acier, tambours, poulies, pompes, pulvérisateurs, broyeurs, machines pour le puddlage, tuyauteries de pompes, compresseurs, échelles, ascenseurs, fours, machines à vapeur, moteurs à gaz, moteurs électriques, etc. pourraient être fournis par la France, alors qu'ils venaient précédemment d'Angleterre, d'Allemagne, des États-Unis. Dans un pays de possibilités minières comme l'Australie, on peut envisager un développement probable de la vente de cette catégorie d'articles.

Quant aux ports australiens, dont le développement semble devoir s'accentuer, ils provoqueront vraisemblablement une demande d'outillage considérable : grues, matériel de chemins de fer, matériel Decauville, dragues, pompes hydrauliques, concasseurs, tout matériel pour le ciment armé...

Il y a enfin deux autres articles qui sont spécialement intéressants : ce sont les fils de fer et grillages métalliques et les tôles ondulées. Les fils de fer lisses et barbelés sont employés en quantités énormes pour la clôture des terres d'élevage ; on emploie aussi une quantité considérable de grillages pour préserver les terrains de culture contre les lapins, qui pullulent. L'Australie, depuis quelques années, fabrique les fils de fer et grillages, mais en quantités tout à fait insuffisantes. Pour la tôle ondulée galvanisée, il y a une très grande demande, car elle est employée pour les toitures d'un grand nombre de maisons, hangars ou constructions diverses.

Bicyclettes, motocycles, side-cars, automobiles et aéroplanes. — Les bicyclettes paient 20 shillings au tarif impérial et 25 shillings au tarif général, ou *ad valorem* 25 et 30 pour 100. Nous avons là la concurrence de l'Angleterre et des États-Unis, et nous craignons que la France n'ait une certaine difficulté à exporter ses produits.

Les motocyclettes, side-cars, etc. paient au tarif général 12 pour 100, et 10 pour 100 à la colonne impériale. Il faudra que nos industriels adaptent leurs modèles aux besoins de la clientèle anglo-saxonne pour pouvoir concurrencer efficacement la production anglaise et américaine.

Quant à la question des automobiles, elle est une des plus intéressantes pour le commerce français. Les Australiens de toutes classes se servent de plus en plus d'automobiles. Mais, depuis une dizaine d'années, nous avons perdu énormément de terrain, soit parce que nous avons été insuffisamment représentés, soit parce que nous n'avons pas su faire la

réclame nécessaire, soit enfin parce que la guerre a forcément
tari nos exportations. Dans ces conditions, notre place a été
aisément prise par l'Angleterre, les États-Unis, l'Italie. Les
États-Unis surtout ont pris une place prépondérante sur ce
marché, grâce au bas prix de leurs voitures et surtout parce
que leurs modèles répondaient davantage aux besoins du
pays. Le tarif fait une distinction entre le châssis et la carrosserie. Nous nous occuperons exclusivement du châssis,
qui paie 10 pour 100 au tarif général, alors que les produits
britanniques entrent en franchise. La carrosserie, qui est
largement fabriquée en Australie, est soumise à un tarif
prohibitif : suivant le nombre des places, elle paie 17 à
42 livres au tarif général et 15 à 36 livres au tarif impérial.
La clientèle australienne achèterait volontiers l'automobile
française, même à des prix plus élevés que l'automobile américaine, car on reconnaît le sérieux et l'excellence de notre
fabrication. Il faut cependant que nos industriels comprennent
qu'ils doivent adapter leurs modèles aux desiderata de la
clientèle. Le système routier de l'Australie n'est forcément ni
aussi développé, ni aussi perfectionné que le nôtre ; les autos
sont fréquemment obligées de rouler sur pistes, en terrains
sablonneux ou souvent défoncés, et parfois en pleine brousse.
La force des voitures doit donc être assez considérable : on
nous a demandé des voitures d'au moins 18/24 chevaux, avec
des châssis résistants et assez hauts sur roues. Nos voitures
doivent, à l'instar des voitures américaines, être munies de
tous les perfectionnements modernes : éclairage et démarrage
électriques, compteurs kilométriques et speedomètres, etc.
Ce que nous disons de la force des moteurs et des châssis
s'applique aussi aux camionnettes et camions d'une tonne à
quatre tonnes, qui trouveraient certainement en Australie un
marché très important.

Nos constructeurs doivent aussi assurer à la clientèle le
renouvellement facile des pièces de rechange par la création
d'agences ou de dépôts bien organisés. Un grand nombre de
nos constructeurs ont cru qu'il suffisait d'être représenté à

Londres pour pouvoir travailler sur le marché australien. C'est une grave erreur, et nous avons constaté que les seules marques étrangères vendues sur ce marché avaient des agences établies en Australie. Il y a aussi une vente très intéressante d'accumulateurs, phares, dynamos, magnétos, carburateurs, etc. On connaît en Australie la supériorité de notre fabrication, mais le défaut de représentation a empêché les Australiens d'acheter nos articles.

En ce qui concerne le matériel d'aviation, les techniciens australiens sont venus à plusieurs reprises nous consulter sur les fournitures que la France serait en mesure de faire, soit comme appareils complets, soit comme moteurs d'aviation. La création d'un grand nombre d'aérodromes et d'écoles d'aviation et l'organisation éventuelle — déjà étudiée du reste — d'un service aérien entre les différentes capitales nous laissent espérer des occasions de ventes intéressantes. Nous croyons que l'envoi de quelques techniciens avec des appareils français serait susceptible d'attirer l'attention sur les marques françaises.

Pneumatiques. — Le tarif est prohibitif. L'industrie locale s'est considérablement développée depuis quelques années et est arrivée à des résultats satisfaisants. Cependant, de l'avis des personnes compétentes, le pneu français sera encore demandé, en dépit de ces droits prohibitifs, sa qualité lui assurant une supériorité marquée.

Parfumerie. — C'est un des articles les plus intéressants pour la France. Disons de suite, cependant, que nous trouverons de grosses difficultés pour l'introduction des parfums à base d'alcool. Le tarif est, pour la parfumerie alcoolisée, de 30 shillings par gallon, sans préférence, et, pour la parfumerie non alcoolisée, de 30 et 25 pour 100 *ad valorem*. Même avec le tarif très élevé qui existe sur les parfums alcoolisés, nous avons, en Australie, un très gros débouché. Dans les parfums à bon marché, nous trouvons la concurrence de l'Angleterre et des États-Unis ; mais, dans les parfums de luxe, une réclame bien faite nous assurera une suprématie indiscutable. Dans les parfums non alcoolisés (préparations de toilette, lotions, pâtes dentifrices, etc.), nous trouverons un important champ d'action, mais nous nous heurterons à la concurrence de l'Angleterre et des États-Unis.

Les huiles et graisses essentielles bénéficient de la franchise à la colonne impériale et paient 5 pour 100 au tarif général. L'industrie de la parfumerie se développant de plus en plus en Australie, les huiles essentielles y sont assurées d'un important débouché. L'industrie du savon, notamment, a pris un essor énorme depuis quelques années, ce qui diminuera évidemment l'importation des savons français. Le tarif est de 35 pour 100 et 30 pour 100 *ad valorem*. Malgré cette haute barrière douanière, nous croyons que nos savons fins doivent conserver la place qu'ils ont eue jusqu'ici. Quant aux savons ordinaires, la concurrence locale empêchera vraisemblablement de notre part toute importation de quelque importance.

Vins et alcools. — Sous cette rubrique nous distinguerons, comme intéressants pour notre exportation, les vins non mousseux, les vins mousseux, les cognacs, les liqueurs. D'une façon générale, les droits, qui sont spécifiques et ne comportent pas de préférence impériale, ont à la fois un caractère protectionniste et fiscal. Bien que déjà fort élevés avant la guerre, ils ont été énormément augmentés depuis lors, au point que l'avenir de notre exportation en est sérieusement menacé.

Pour les vins non mousseux, le droit est actuellement de 12 shill. 6 par gallon pour les vins en fûts et de 15 shillings pour les vins en bouteille. Il y a un droit supplémentaire de 9 pence par centième de « proof spirit », de 33 jusqu'à 40 pour 100 d'alcool ; au-dessus de 40 pour 100, le tarif est de 25 shillings par gallon. Ces droits, qui étaient avant la guerre de 8 shillings par gallon, ne sont pas loin d'être prohibitifs, surtout pour les qualités moyennes, puisque le tarif ne fait pas de distinction entre les qualités supérieures et les qualités ordinaires. L'élévation des droits semble avoir recueilli une triple approbation, celle des producteurs locaux, dont l'activité est connue, celle des financiers du gouvernement, qui trouvent dans ces taux surélevés de bonnes recettes pour le budget, celle enfin des propagandistes anti-alcooliques, qui sont fort entreprenants en Australie.

Ajoutons que le consommateur australien ne boit en somme que peu de vin et ne le boit pas à la façon des Français ; il ne l'emploiera guère comme boisson de table et préférera toujours, soit dans les vins importés, soit dans les vins locaux, les types les plus alcoolisés. La génération précédente, plus largement originaire des vieux pays européens, avait encore des caves de vins fins français, que la génération actuelle ne semble pas renouveler. Dans ces conditions, et en présence d'une concurrence croissante des vins australiens, nous aurons à faire de sérieux efforts pour maintenir notre situation d'autrefois. L'armée australienne a pris en France le goût de nos crus, et les relations plus intimes qui sont probables entre nos deux pays peuvent avoir pour effet de redonner à nos vins la place qu'ils méritent d'occuper. De l'avis des personnes compétentes, le retour au droit d'avant-guerre, bien qu'encore fort élevé, permettrait à nos affaires de reprendre dans de bonnes proportions.

Le droit sur les vins mousseux (champagnes) est de 25 shillings par gallon, ce qui fait 4 shillings 2 pence par bouteille. Ce droit énorme, qui a été plus que doublé depuis la guerre, n'empêche cependant pas tout à fait l'entrée des champagnes de grande marque, qui seront toujours demandés, surtout dans les périodes de prospérité, — mais est absolument prohibitif pour les vins mousseux autres que nos champagnes, qui se trouvent en outre en concurrence avec des vins mousseux australiens. Les nouvelles taxes qui frappent les vins mousseux depuis la guerre ont été imposées comme taxes de guerre sur un article de luxe. Peut-être pourrait-on espérer qu'en raison de ce caractère spécial et du fait qu'elles frappent la plus française des industries, originaire d'une région directement victime de la guerre, le gouvernement australien envisagera un adoucissement de ces conditions d'entrée. Quoi qu'il en soit, il y a là un article essentiellement français, dont l'exportation en Australie doit être plus que jamais poussée.

En ce qui concerne les cognacs, le droit est de 25 shillings par gallon (14 shillings avant la guerre), droit considérable qui a le même caractère que celui sur les champagnes. L'industrie locale n'est pas arrivée à faire un article qui ait réussi à supplanter notre cognac français : celui-ci continue à provoquer une demande importante, bien que (notons-le) la consommation, surtout la consommation populaire, tende à se détourner du cognac en faveur du whiskey. Le rhum paie 24 shillings.

Les liqueurs subissent un droit de 25 shillings par gallon. A l'exception de deux ou trois marques (chartreuse, bénédictine), nos liqueurs françaises sont en somme peu connues du grand public. Elles obtiennent pourtant un grand succès dans les quelques clubs ou grands bars où elles sont offertes. Nous croyons qu'une réclame bien faite pourrait considérablement développer leur vente, en dépit de la taxe formidable qui les frappe — et qui du reste, espérons-le, ne sera pas éternelle. Il n'y a pas de production locale faisant ici concurrence à nos ventes.

Semences. — Le commerce des semences est actuellement tenu par les Anglais (la maison Sutton principalement) ainsi que par diverses maisons américaines. Les Allemands, avant la guerre, montraient une certaine activité dans cet article. Les demandes australiennes portent surtout sur les graines potagères et les semences de fleurs. Malgré les concurrences américaine et anglaise, qui sont sérieuses, la France pourrait se mettre sur les rangs.

Engrais. — Les Australiens n'importent pas de superphos-

phates ; ils traitent eux-mêmes les phosphates des Iles. La
Belgique, avant la guerre, leur fournissait une certaine quantité de scories de déphosphoration (*basic slag*). Les potasses
par contre sont demandées, surtout pour les vergers. C'est
sous la forme *kainite* qu'il y aurait intérêt à en faire l'exportation. Comme on le sait, l'Allemagne en était, avant la
guerre, le seul fournisseur. Mais, depuis le retour de l'Alsace
à la France, nous sommes en mesure de nous mettre sur les
rangs pour les fournitures australiennes.

TROISIÈME PARTIE

Les relations franco-australiennes. Diverses mesures susceptibles de les rendre plus étroites.

CHAPITRE XV

QUELQUES REMARQUES GÉNÉRALES

Presque à chaque page de cette brochure nous avons eu l'occasion de faire allusion à la bonne volonté du peuple et du gouvernement australiens vis-à-vis de la France. Cette bienveillance, naguère latente, a été merveilleusement développée par une camaraderie de guerre, qui a permis aux deux nations de se connaître, de s'admirer et de s'aimer. Le sentiment d'amitié mutuelle existe donc, mais ayons la franchise de dire qu'il faut, de part et d'autre, prendre le soin de le cultiver et de l'entretenir. L'Australien est cordial, spontané, généreux ; mais nous sommes si loin de lui, et en somme si différents, qu'il ne faut laisser ni l'espace ni le temps s'interposer entre nous. L'impression produite par la guerre, celle — indéniable — provoquée par la visite de la Mission finiront par s'estomper et s'évanouir, si nous ne savons en consolider de suite et pratiquement les effets. Si nos amis australiens s'aperçoivent qu'à l'enthousiasme de la victoire remportée en commun, qu'à la merveilleuse cordialité des rencontres de la Mission avec le peuple de la Commonwealth ne succède aucune réalisation visible, ils seront désappointés. L'amitié franco-australienne aura eu ses fleurs, mais ne nous aura pas donné ses fruits. C'est donc de suite qu'il faut nous préoccuper de bâtir les assises solides de nos relations futures : l'Australie elle-même le désire et nous lui férons plaisir en tentant de consolider chez elle la position matérielle et morale de la France.

Il s'agit là d'un programme immense, qu'il ne faut pas s'imaginer pouvoir résoudre simplement par des paroles. C'est dans un esprit pratique qu'il convient de l'aborder, en se préoccupant surtout des moyens réels et immédiats qui sont de nature à permettre au mieux sa réalisation. Nous nous permettons de présenter, à cet égard, un certain nombre de suggestions ayant trait, soit à l'action de notre consulat général, soit à la création (décidée par le gouvernement français) d'une représentation commerciale en Australie, soit à la façon d'attirer et d'accueillir en France les touristes australiens, soit aux méthodes d'action concertée qui permettront à la Presse des deux pays de s'entre-pénétrer, de renseigner d'un commun accord l'opinion, ou qui contribueront à resserrer les liens intellectuels par le moyen de relations plus intimes entre les universités de France et l'Australie.

Ces suggestions n'apparaîtront peut-être pas très nouvelles. Nous croyons cependant devoir les indiquer, parce qu'une action énergique et immédiate de la France est nécessaire en Australie. La Mission a été frappée du rôle que joue là-bas le côté pratique des choses ; et l'on ne réussira en effet en Australie que si l'on y adopte les méthodes modernes et commerciales, dites « américaines », d'action. C'est dans cet esprit, croyons-nous, qu'il convient de concevoir et de réaliser tout programme d'action dans la Commonwealth.

CHAPITRE XVI

L'ACTION DE NOTRE CONSULAT GÉNÉRAL

Il s'agit là d'une question qui est directement du ressort de
notre Ministère des Affaires étrangères et que par conséquent
nous ne nous reconnaissons pas l'autorité de traiter. Il convient cependant de ne pas la passer entièrement sous silence,
car il est évident que c'est autour de notre consulat général
que se grouperont les efforts utiles. L'initiative individuelle
fera le principal, c'est sur elle avant tout qu'il faut compter ;
mais notre consul général, avec l'appui d'organismes français
ou franco-australiens spécialisés, reste et doit être de plus en
plus l'inspirateur, le conseiller et l'agent supérieur de l'activité française en Australie.

Nous ne nous rendons pas toujours suffisamment compte
des possibilités d'action d'un consul général : dans un pays
comme la Commonwealth elles sont considérables. Le prestige de la France le soutient, et lorsqu'il sait et veut faire
figure de représentant, le succès répond à ses efforts. Le souvenir de M. Biard d'Aunet, consul général il y a vingt ans,
n'est pas oublié là-bas. Notre consul général actuel, M. Campana, qui appartient à la jeune carrière et joint un tact très
avisé à un haut sentiment de ses devoirs, a déjà la situation
qui revient soit à sa personne, soit à sa fonction. Ne craignons
donc pas que le représentant de la France soit sans influence ;
redoutons plutôt de le laisser sans moyens d'action.

Le programme qui se propose à lui est en effet immense.
Résidant à Sydney, centre naturel de son action puisque c'est
le principal centre commercial et le siège de la plus forte

colonie française, il ne peut cependant se limiter à Sydney : sa circonscription s'étend sur la Commonwealth toute entière. Il faut notamment qu'il se tienne en contact avec le gouvernement fédéral et le monde politique fédéral qui résident à Melbourne. Il faut également qu'il se fasse voir, de temps à autre, dans les principaux États australiens. La vie australienne n'est nullement concentrée dans une ou deux grandes villes ; certains États vivent dans des conditions économiques et même politiques toutes spéciales : on ne peut se permettre d'ignorer le Queensland, par exemple, ou l'Australie occidentale. C'est dans toute l'Australie que le représentant de la France doit se montrer et se faire connaître. En raison des circonstances actuelles — et l'effet s'en fera sentir longtemps — il est sûr partout d'un accueil cordial et charmant ; toutes les portes s'ouvriront devant lui, puisqu'il vient au nom de la France. Il est le lien visible d'une amitié qui a sa source dans le cœur des deux peuples.

Il faut donc que notre consul voie grand et qu'il conserve suffisamment de temps et de liberté d'esprit pour réaliser l'ensemble de son programme. Nous souhaiterions le voir secondé par des organismes qu'il contribuerait du reste lui-même à faire naître ou à développer. Et, d'autre part, nous voudrions que le bureau central du consulat général fût assez bien équipé, en hommes et en matériel, pour que la routine de chaque jour ne l'absorbe pas et qu'il se sente libre, soit de circuler, soit de diriger son travail vers les questions essentielles. Il y a d'un côté tout un travail de chancellerie, qui est sans doute dans la nature même de ses attributions, mais pour lequel nous voudrions le voir suffisamment aidé pour que son temps n'en soit pas absorbé. Il y a d'autre part tout un côté commercial pour lequel le gouvernement a reconnu qu'une distinction devait être faite. Si c'est la fonction du consul d'étudier les conditions économiques du pays de sa résidence, de renseigner à ce sujet le gouvernement, de le mettre à même de défendre au mieux les intérêts de nos commerçants, ce n'est peut-être pas exactement son métier de servir, à proprement parler, d'intermédiaire dans des négociations commerciales particulières : beaucoup de nos consuls en auraient la compétence, plusieurs n'en auraient pas le temps ; à nombre d'entre eux manquerait peut-être cet esprit des affaires, ce sens du négoce qui ne s'acquiert qu'en le pratiquant. C'est le besoin de cette division du travail qui a décidé le gouvernement à envisager la création, en Australie notamment, d'une représentation commerciale, sous la direction d'un chef spécial, mais sous la haute surveillance du consul général. La Mission peut dire, sans réserve aucune, à quel point cette décision a produit bonne impression en Australie et combien elle répond aux nécessités de la situation présente. Après une enquête approfondie sur place, nous indiquons, dans le chapitre suivant, quels sont les services qu'une Agence commerciale française nous paraît de nature à rendre en Australie au commerce d'exportation de notre pays. Nous savons à quel point M. Campana a souhaité sa constitution et dans quelle mesure ses avis ont contribué à sa création.

Ainsi renforcé (et sans oublier telles améliorations matérielles de ses services qui demeurent désirables), notre consulat général peut devenir un organisme vraiment efficace pour le développement non seulement du commerce français, mais de l'influence française en général. A côté de lui, la Chambre de commerce française de Sydney lui assure le bénéfice d'avis compétents, émis par les notabilités locales de la colonie française, et l'avantage d'un appui moral qu'il peut invoquer. Les groupements d'Alliance française, dont certains sont fort actifs, constituent la base d'une action pour la propagation de notre langue. La colonie française des principales villes, quoique parfois trop peu nombreuse, offre le précieux concours de bonnes volontés et de dévouements dont la Mission a pu constater l'étendue et la sincérité.

Ne croyons donc pas que notre consulat général soit condamné à être simplement une organisation bureaucratique, impropre à servir largement l'influence française ou le commerce français. Bien équipé, bien appuyé par des organismes adjoints, sous la direction d'un chef ayant de l'activité, de l'intelligence et du prestige, il est en mesure de faire une très belle œuvre. Répétons-le : jamais occasion si belle ne se sera présentée pour l'entreprendre.

CHAPITRE XVII

LA CRÉATION D'UNE REPRÉSENTATION COMMERCIALE DE FRANCE EN AUSTRALIE

L'existence d'une représentation commerciale de la France en Australie semble indispensable au développement de notre commerce d'exportation dans ce pays. L'enthousiasme que la guerre a provoqué en faveur de la France dans tous les milieux australiens, et particulièrement dans les milieux commerciaux, nous fait penser que les chances de développer vers la Commonwealth un important mouvement d'exportations françaises sont considérables. La visite de la Mission a contribué à accroître ce courant de sympathie qui ne demande qu'à se traduire en actes : telle est, en tout cas, l'impression que la Mission a retirée de ses contacts avec les Chambres de commerce et de manufactures, les Associations de voyageurs de commerce, les groupements et milieux commerciaux de toute nature. Si, en ce moment même, la France était en mesure de commencer une active campagne d'exportation en Australie, le succès en serait assuré.

Mais, ainsi que nous l'avons dit au chapitre précédent, nous croyons que, pour encourager, soutenir et seconder l'effort de nos exportateurs, l'organisme de notre consulat général à Sydney, tel qu'il existe actuellement, doit être renforcé d'un organisme commercial spécialisé. En effet, le consulat général, outre qu'il est absorbé par des fonctions qui dépassent fréquemment le cadre commercial proprement dit, ne saurait être compétent dans une foule d'affaires de détail, qui sont essentiellement du ressort d'un industriel ou d'un commerçant. Il faut, à cet égard, un agent plus spécialisé que le consul et, en réalité, plus proche du négociant que du diplomate. Tel est, en tout cas, l'avis des milieux commerciaux australiens et français. Le gouvernement l'a, en tout cas, compris ainsi et, dès le mois de décembre dernier, il a autorisé la Mission, alors que celle-ci était encore en Australie, à annoncer la création d'une Agence commerciale de France à Sydney. La décision est excellente. Elle arrive à son heure. Il faut maintenant qu'elle se transforme le plus vite possible en réalité, car il importe, d'une part, de ne pas laisser le champ libre à des concurrents qui déjà sont au travail, et, de l'autre, de profiter sur l'heure d'un courant de sympathie comme notre peuple en a rarement connu.

Sans que de longs commentaires soient nécessaires (la question de notre représentation commerciale ayant fait, de la part du Ministère du Commerce, l'objet d'une étude approfondie), nous croyons cependant utile d'indiquer quelles nous paraissent devoir être les principales fonctions d'une Agence commerciale en Australie, et de faire quelques suggestions quant à certains traits de son organisation. Nous présenterons sous la forme d'un tableau schématique résumé les fonctions diverses de l'Agence, telles qu'elles nous sont apparues désirables, après une enquête minutieuse dans les milieux intéressés. Quant à son organisation, nous considérons que la question n'est pas exactement de notre ressort, et nous nous contenterons en conséquence, à ce sujet, de quelques observations qui nous semblent particulièrement nécessaires.

I. — Principales fonctions de l'Agence commerciale

A. — Renseignements

1. *Renseigner les exportateurs français sur le marché australien:*

   a) Possibilités générales d'absorption du marché australien;
   b) Listes de maisons australiennes susceptibles d'acheter des produits français;
   c) Renseignements techniques sur différents articles susceptibles d'être demandés et vendus;

> *d)* Recueillir et communiquer à nos exportateurs des échantillons de produits vendus avec succès par nos concurrents ;
>
> *e)* Trouver des représentants en Australie pour les maisons françaises qui en désirent ;
>
> *f)* Renseigner les maisons françaises sur les contrats, adjudications, commandes de nature à les intéresser.

2. *Renseigner la clientèle australienne sur la production française :*

> *a)* Indiquer aux Australiens les agents des maisons françaises représentées en Australie ;
>
> *b)* Mettre les Australiens en relations directes avec les maisons françaises non représentées en Australie ;
>
> *c)* Réunir les catalogues des maisons françaises ou leurs échantillons et les tenir à la disposition de la clientèle australienne.

3. *Renseigner les acheteurs français de produits australiens sur la production australienne :*

> *a)* Mettre en rapport les acheteurs français avec les maisons australiennes vendeuses ;
>
> *b)* Possibilités de la production australienne, principalement en ce qui concerne les produits dont nous sommes ou pouvons être acheteurs.

4. *Renseigner les vendeurs australiens sur le marché français :*

> *a)* Les mettre en rapport avec les maisons françaises susceptibles d'acheter leurs produits.

B. — Propagande :

1. *Action personnelle du directeur de l'Agence :*

> *a)* Rapports personnels constants avec les milieux commerciaux ;
>
> *b)* Voyages dans les différents États australiens ;
>
> *c)* Éventualité de conférences sur des sujets déterminés ayant un intérêt d'actualité.

2. *Campagnes de publicité, en faveur des produits français, dans les grands quotidiens australiens, dans la Presse spéciale, dans les journaux et revues techniques.*

3. *Publication éventuelle d'un Bulletin périodique de l'Agence.*

4. *Diffusion des journaux et revues techniques français* (journaux scientifiques, journaux de modes, etc.).

5. *Diffusion des catalogues des maisons françaises.*

6. *Organisation d'expositions de produits ou échantillons français.*

C. — CONTENTIEUX (éventuellement) :

1. *Renseignements sur le crédit des maisons australiennes.*

2. *Arbitrages de litiges entre vendeurs et acheteurs.*

3. *Arbitrages de litiges relatifs aux assurances maritimes.*

4. *Recouvrements de créances.*

Ce tableau, que nous avons essayé de rendre aussi clair que possible, se passe, croyons-nous, de commentaires. Aussi, nous bornerons-nous à insister sur deux points qui nous paraissent particulièrement importants :

Trouver ou aider à trouver des représentants en Australie pour nos maisons d'exportation sera évidemment l'une des fonctions les plus utiles de notre agent commercial. Le succès de nos exportateurs dépend largement, redisons-le, non seulement de la représentation directe, mais de la représentation intelligente et consciencieuse de leurs produits. Le consulat général est forcément mal outillé pour donner à nos commerçants ce genre de renseignements ou d'avis. L'Agence commerciale le sera beaucoup mieux.

La propagande en faveur de nos produits sera une fonction à peine moins importante. Comme les États-Unis, l'Australie est un pays de réclame, où rien ne réussit sans la publicité. C'est pour nous une nécessité d'adopter, à cet égard, le ton et les procédés des sociétés anglo-saxonnes d'outre-mer. Le directeur de l'Agence devra donc être en relations étroites avec les grands journaux des villes, ainsi qu'avec les principaux journaux locaux, rédigeant lui-même ou faisant rédiger par des spécialistes de nombreux articles ou entrefilets sur la reconstitution de l'industrie française, ses produits, ses spécialités, ses créations, ses inventions.... Le *Times*, de Londres, publie de temps à autre des suppléments illustrés relatifs à la production de divers pays. Pareils suppléments sur la France pourraient être publiés dans tel grand journal australien, où ils seraient sûrs d'attirer l'attention la plus éveillée. Pour produire son effet, cette publicité doit, naturellement, être bien faite ; il ne suffit même pas qu'elle soit bien faite, il faut qu'elle soit conçue et rédigée dans le ton qui convient au pays. Disons de suite que l'Agence semble devoir trouver, auprès de la Presse australienne, la plus sincère bonne volonté. Les directeurs de plusieurs grands journaux l'ont dit à la Mission. Le congrès de l' « Australian Press Association », qui représente plus de 700 journaux locaux, a voté, le 1ᵉʳ novembre 1918, une résolution d'après laquelle « elle s'engage à donner tout son concours à l'amitié franco-australienne, à l'encouragement de toute œuvre tendant à la reconstitution des industries françaises, au développement des relations entre les deux pays ». La sincérité des sentiments si gracieusement exprimés dans cette résolution ne fait pas de doute, et nous savons que la France compte, dans la Presse australienne, de nombreux et fidèles amis. Leur concours sera précieux pour l'œuvre si belle que poursuivra l'agent commercial de France.

II. — L'ORGANISATION DE L'AGENCE COMMERCIALE.

Il n'entre pas dans notre plan, nous l'avons dit, d'étudier en détail l'organisation éventuelle de notre représentation commerciale. Ce soin reviendra au gouvernement et à l'agent qui sera désigné par lui. Indiquons cependant quelques conditions dont l'importance a frappé la Mission.

Il faut d'abord (et nous savons du reste que c'est l'avis du gouvernement) que notre représentant commercial soit un commerçant : dans un pays d'hommes pratiques, d'hommes d'affaires, comme la Commonwealth, il ne réussira que s'il possède l'esprit et l'expérience d'un « businessman ». Il faut ensuite — et c'est à peine moins essentiel — qu'il sache parfaitement l'anglais et qu'en même temps il connaisse et comprenne la mentalité des pays anglo-saxons. S'il devait rester moralement un étranger en Australie, il y ferait peut-être plus de mal que de bien. Il faut enfin que ses moyens matériels d'action soient suffisants pour lui permettre de faire largement les choses.

Le siège de l'Agence doit être à Sydney : il ne peut y avoir d'hésitation à cet égard, car la capitale de la Nouvelle-Galles du Sud est la métropole commerciale indiscutable en même temps que le centre de la colonie française la plus importante d'Australie. Si un bureau annexe peut être prévu à Melbourne, il n'y sera pas inutile, et, du reste, le directeur de l'Agence devra circuler dans tous les États australiens. Une résidence immobile à Sydney ne saurait suffire.

S'il doit se tenir en contact avec l'Australie, notre représentant devra apporter un soin équivalent à se maintenir en contact avec la France. Il est de toute utilité que l'agent commercial français de Sydney ait à Paris un correspondant spécialisé lui permettant de faire procéder rapidement en France aux enquêtes nécessitées par les nombreuses questions que ne manqueront pas de poser les Australiens, surtout pendant la période de reconstruction de nos industries. Si nous voulons en effet que l'Australie nous achète, il faut que nous soyons en mesure de lui faire savoir ce que nous pouvons ou pourrons fournir. Comment notre agent commercial sera-t-il à même de répondre à ses interlocuteurs s'il ne possède pas en France de correspondant attitré, compétent et actif?

Notre représentant n'aura du reste pas de meilleur moyen de maintenir le contact qu'en venant lui-même de temps à autre en France, non pas en vacances mais en vue de son service même. Il ne faut pas oublier en effet que ses fonctions ne consistent pas seulement à renseigner les Français sur l'Australie, mais aussi les Australiens sur la France.

Ces diverses conditions ne sont pas toutes faciles, mais

elles sont du moins toutes possibles à réaliser. Nous ne croyons sans doute pas que la création d'une représentation commerciale soit une panacée. Le gros poids de l'effort à accomplir incombera, comme par le passé, à l'initiative individuelle de nos commerçants. Mais nous sommes certains que l'Agence, fonctionnant d'accord avec le consulat général et sous sa haute direction, constituera un rouage précieux dont l'absence nous a été jusqu'ici préjudiciable. Souhaitons donc que son action commence le plus tôt qu'il se pourra.

CHAPITRE XVIII

LA RÉCEPTION DES TOURISTES AUSTRALIENS EN FRANCE.

COMMENT L'ENVISAGER DANS L'INTÉRÊT DES RELATIONS FRANCO-AUSTRALIENNES

Un très grand nombre d'Australiens seront désireux, lorsque la paix sera devenue une réalité, de venir visiter la France et les champs de bataille fameux de la Grande Guerre. Sans parler des anciens combattants qui voudront revoir les lieux où ils se sont couverts de gloire, sans parler des parents soucieux de s'incliner sur la tombe de leurs enfants morts au champ d'honneur, c'est l'ensemble même de la population australienne qui voudra parcourir, en touriste le théâtre glorieux de nos luttes et de notre victoire. L'admiration qu'on éprouve en Australie pour la France viendra encore accentuer ce mouvement, qui amènera chez nous les Australiens par dizaines de milliers.

Il est inutile d'insister sur l'intérêt qu'a la France à encourager ces voyages, tant en raison du concours qu'ils apporteront à l'amitié franco-australienne que du facteur précieux qu'ils constitueront pour le rétablissement de notre change par l'afflux d'argent dont ils seront la cause.

Mais il faut, pour que l'effet moral et matériel de ces visites soit celui que nous désirons, que nos amis australiens se trouvent, non seulement à leur arrivée en France, mais même dès avant leur départ de chez eux, en face d'une organisation intelligente qui leur facilite le voyage, les renseigne utilement et surtout ne les laisse pas abandonnés à la fantaisie ou aux exigences de mercantis du tourisme qui les exploitent. Autant ces migrations imposantes de touristes peuvent servir la cause de la France si elles sont intelligèmment préparées et orgasisées, autant leur effet peut être désastreux si nos visiteurs rapportent chez eux l'impression d'un manque d'organisation, d'installations inconfortables et de prix inutilement excessifs. Habitués, comme tous les Anglo-Saxons, à être dirigés, disciplinés jusque dans leurs plaisirs, les Australiens veulent tout d'abord, et très légitimement, être renseignés sur les conditions matérielles du voyage à entreprendre. Ils tiennent à connaître les approximations de leurs dépenses, les itinéraires qu'ils auront à suivre, les curiosités qu'il ne faut pas manquer, soit au point de vue du paysage, soit au point de vue de l'histoire de la guerre. Ils veulent enfin savoir ce que sera le climat au moment de leur visite, car les saisons australes, qui sont renversées, sont de nature à cet égard à les induire en erreur.

Quand ils arriveront en France, ils voudront, d'autre part, savoir où s'adresser pour obtenir mille renseignements, que parfois les agences particulières seront mal placées pour leur donner. Ceux d'entre eux, par exemple, qui désirent visiter une tombe sur un champ de bataille — étant supposé qu'ils en connaissent la position — auront à se rendre peut-être dans des villages isolés, aux communications difficiles. D'autres, qui voudront voir tel champ de bataille peu connu, parce que les leurs y ont combattu, ne trouveront peut-être pas de tournée organisée pour les y conduire. Tel ancien soldat voudra retrouver une famille française amie qui l'a reçu jadis en billet de logement. Il ne faudrait pas, croyons-nous, abandonner à l'initiative étrangère le soin de s'occuper de ces touristes si particulièrement intéressants, qui sont en même temps pour nous des amis.

Il serait donc de toute importance qu'un organisme français, avec des employés maintenant la réputation d'affabilité de notre race, se trouve en France à la disposition de nos amis d'Australie pour préparer ou organiser leurs voyages dans des conditions de confort satisfaisantes et à des prix raisonnables.

Il ne s'agit sans doute là que de l'aspect particulier d'un problème général, celui des touristes alliés en France après la guerre. Le gouvernement s'en préoccupe, et nous avons simplement tenu à signaler que les visiteurs australiens constitueront sans doute une part importante de notre clientèle de demain, de sorte qu'il convient, dès maintenant, de prévoir leur desiderata et le moyen de les satisfaire.

Le rôle de l'organisme, quel qu'il soit, qui sera chargé des voyageurs alliés et notamment australiens, ne commence pas seulement au moment où ceux-ci posent le pied sur le sol français. Dès le moment où l'Australien, à l'autre bout du monde, songe au voyage projeté, il faut encore qu'il trouve, en Australie même, les renseignements qu'il peut légitimement désirer, non seulement les prix et les principaux itinéraires, mais la littérature de description, d'illustrations, de propagande, sans laquelle, de nos jours, aucune entreprise touristique ne peut plus réussir. Une organisation intelligente, active, entreprenante, de la propagande est donc nécessaire, et il faut la faire à l'américaine, avec un grand luxe de brochures, de photographies, de renseignements de tous ordres habilement rédigés, sur notre pays, son histoire, son héroïsme, ses beautés. Cette littérature une fois préparée, *en anglais naturellement*, il conviendra de la mettre à la portée du public australien. L'intermédiaire tout trouvé sera, dans ce cas, notre Agence commerciale, qui se servira à son tour, pour parvenir jusqu'au grand public, soit des « *Tourist Bureaux* » australiens, soit de la presse locale, qui nous a paru si bien disposée à l'égard de la France.

Ces Bureaux de touristes, qui sont des organisations officielles, existent dans chacun des États australiens, ainsi qu'en Nouvelle-Zélande. Ils ressemblent à des Agences Cook plus développées, ayant des vues plus larges et se souciant moins de faire des bénéfices (ce n'est pas leur rôle) que de développer la réputation de l'État auquel ils appartiennent, d'en faciliter la connaissance aux voyageurs et même l'accès aux immigrants. Les chemins de fer australiens étant des chemins de fer d'État,

les Bureaux de touristes disposent de toutes facilités sur leurs
réseaux. Comme les Agences Cook, les Bureaux de touristes
délivrent toutes les combinaisons imaginables de billets, comprenant, soit le transport seulement, soit les hôtels, soit le
total des dépenses du voyage. Ils organisent des tournées
pour voyageurs individuels, pour familles, pour groupements
de toute nature. Quand un hôte de marque, une délégation
étrangère, un congrès parcourent l'Australie, c'est généralement le *Tourist Bureau* de l'État visité qui organise le voyage.
La Mission française a eu l'occasion d'apprécier l'excellence
de pareils guides. Les bureaux en question vont même jusqu'à
organiser des voyages en dehors de l'Australie. Celui de
Tasmanie, qui est lui-même représentant de l'Agence Cook,
vous fournira aussi bien un ticket pour une excursion d'une
demi-journée que pour un voyage autour du monde. Leur
concours pour les visites en France pourra être extrêmement
précieux.

La partie réclame est particulièrement bien organisée et
pourrait servir de modèle. Partout sont répandues des brochures magnifiquement illustrées, donnant toutes les indications possibles pour tenter le touriste et lui faciliter
l'exécution de son voyage. Celles qui recommandent des
stations thermales ou des cures d'altitude sont distribuées
dans les salles d'attente des médecins. Rédigées d'une façon
attrayante et faciles à lire, ces brochures donnent en outre le
plus souvent des renseignements économiques, de façon à
atteindre, dans le touriste, le client éventuel et peut-être l'immigrant définitif qui se fixera.

Enfin, les directeurs des Bureaux de touristes sont généralement représentés ou siègent en personne dans les commissions de préservation des sites et d'une façon générale dans
tous les organismes d'État touchant de près ou de loin au
développement du tourisme.

Nous nous sommes étendus assez longuement sur les organismes dont dispose le tourisme australien, parce qu'ils nous
ont paru conçus et réalisés dans un esprit vraiment pratique

et avec une grande largeur de vue. Le gouvernement français (s'il décide de prendre en main la question du tourisme des champs de bataille) ou du moins les entreprises particulières françaises pourraient prendre à cet égard en Australie d'utiles idées. Et si, cherchant en Australie plus qu'un exemple, nous demandons aux Australiens, dans ce domaine, leur concours, afin de mieux attirer, de mieux renseigner et finalement de mieux recevoir leurs touristes, nous sommes, croyons-nous, assurés que ce concours sera volontiers et largement donné. Ce sera l'un des aspects — et l'un des meilleurs — de l'amitié franco-australienne[1].

1. Ces remarques s'appliquent également à la Nouvelle-Zélande qui possède un Bureau de touristes de premier ordre.

CHAPITRE XIX

ÉTABLISSEMENT DE RELATIONS SUIVIES
AVEC LA PRESSE AUSTRALIENNE

Nous avons signalé le rôle si important de la publicité en
Australie : sans elle notre commerce d'exportation n'obtiendra
pas les succès qu'il mérite et la faveur populaire se tournera
vers les produits de concurrents, moins consciencieux peut-
être, mais plus empressés et plus habiles à faire leur propre
éloge. Faire notre propre éloge est, en effet, une chose que
nous n'avons jamais très bien réussie, et cette modestie exces-
sive qui est la nôtre aboutit à ce résultat que, dans nombre
de cas, on ignore notre valeur. Sans prétendre que nous devons
organiser la publicité de la France à la manière d'une agence,
nous croyons sincèrement que notre pays se doit à lui-même
et doit à sa situation dans le monde de ne pas se laisser
ignorer, surtout de ses amis.

La guerre, en inspirant aux Australiens un grand sentiment
d'estime et de sympathie pour la France combattante, a magnifiquement servi notre prestige. Mais la Mission est demeurée
étonnée de voir à quel point la vraie France, celle que nous
nous plaisons à appeler « la France éternelle », est encore peu
connue là-bas. Certes, les soldats australiens, retour du front,
qui ont combattu sur notre sol, qui ont vécu en billets de
logement dans nos familles, qui ont — nous pouvons le dire —
fait eux-mêmes partie de ces familles dont ils étaient les
défenseurs, pourront et sauront parler de la société française :
ils diront, ils disent déjà combien sont injustes et fausses ces
calomnies qui circulent avec une si étrange persistance sur
notre légèreté, notre manque de sérieux, alors qu'en réalité

nous figurons parmi les peuples les plus travailleurs, les plus respectueux de la famille qui soient au monde. Mais cette propagande cordiale et sincère d'excellents amis ne durera pas toujours, et il ne faut pas que, dans l'avenir, le monde retombe dans l'ignorance chronique, dans l'ignorance extraordinaire où il était de notre pays. La France guerrière est aujourd'hui connue de tous, et point n'est besoin d'attirer sur son héroïsme l'attention mondiale. Mais nous voudrions que l'on sût, nous voudrions surtout que nos meilleurs amis sachent que la France peut être aussi grande dans les travaux de la paix que dans l'œuvre de guerre. Renseigner nos amis australiens sur la reconstitution de la France, sur sa civilisation si raffinée, sur ses créations non seulement industrielles, mais artistiques et littéraires, n'est-ce pas, soit envers ces amis, soit envers nous-mêmes un devoir urgent?

La Presse australienne pourra nous être, à cet égard, d'une aide précieuse. Nous l'avons trouvée admirablement disposée envers la France; plusieurs de ses représentants les plus qualifiés se sont offerts, devant nous, à seconder nos efforts en vue de resserrer les liens économiques, intellectuels et sociaux entre nos deux pays. Il y a là un levier puissant qui ne devrait pas être laissé inemployé. Les journaux australiens sont d'un type réellement supérieur; leurs nouvelles sont abondantes et leurs éditoriaux remarquablement faits; ils n'ont pas, comme ailleurs, versé dans le bas fait-divers ou dans la recherche enfantine du sensationnel. Ils ont d'habitude une ligne politique et se soucient d'informer des nouvelles politiques un public capable de les comprendre. A la différence de ce qui se passe dans plusieurs pays, la presse australienne a su jouer le rôle d'une éducatrice. Il faut nous servir d'elle, beaucoup plus que nous l'avons fait jusqu'ici, pour répandre en Australie la connaissance de la France.

Le champ est immense, car immense est elle-même l'activité de notre pays dans toutes les branches. Ne laissons surtout pas croire que tel « scandale », dont parle toute la presse cosmopolite, tient une place de quelque importance dans la vie française. Ne laissons pas croire non plus que tous les Français mènent à Paris la vie à laquelle s'y abandonnent d'oisifs et bruyants cosmopolites. Sachons montrer notre peuple au travail, et, comme le travail ne se raconte pas en somme, montrons les résultats. Tenons l'étranger au courant des efforts de notre industrie, de ses découvertes, de ses réalisations ; montrons nos savants sans cesse à la besogne et révélons à nos amis, qui souvent l'ignorent, que la plupart des grandes découvertes scientifiques ou médicales des cent dernières années sont nées chez nous ; répandons les chefs-d'œuvre de nos artistes, dont les productions, nous pouvons bien le dire, sont, depuis un demi-siècle, les reines du monde. Ne laissons pas croire que pendant les cinquante dernières années c'est l'Allemagne qui a été le premier pays de création musicale ; ne laissons pas oublier que notre école de peintres de la fin du xix\ :superscript:`e` et du commencement du xx\ :superscript:`e` siècle a été l'une des plus belles que la civilisation moderne ait connues ; racontons que nous possédons les architectes les plus habiles et que depuis bien longtemps, c'est à Paris que viennent se former les meilleurs architectes des États-Unis. Ne laissons pas enfin se perpétuer cette idée fausse et ridicule que notre littérature se compose essentiellement de basses publications, qui ne sont même pas éditées sur notre territoire. Chaque fois que nous autres Français nous regardons autour de nous ce qu'est en réalité l'œuvre de la France, nous nous sentons remplis de fierté, de confiance dans l'avenir, de la certitude que nous possédons toujours ces facteurs d'activité, de méthode, d'intelligence et de goût qui ont fait la réputation de notre génie. Pourquoi faut-il ensuite, quand nous voyageons, être obligés de constater que trop souvent tout cela est ignoré, méconnu et qu'on ne se fait de notre France qu'une idée tronquée et inexacte ?

Préoccupons-nous donc de dire tout simplement ce que nous faisons et ce que nous sommes. Nulle part nos efforts à cet égard ne seront mieux accueillis, plus féconds qu'en Australie. Le moyen est entre les mains du gouvernement, de la

Presse française, de nos Chambres de commerce, de nos grandes maisons d'art, de notre haut commerce, de notre industrie, de tous nos producteurs. Les méthodes à employer ne sont pas nouvelles : les Allemands, les Américains nous ont tracé la voie. Il suffit de vouloir et de persister. Nous nous en serions voulu de ne pas avoir insisté sur la nécessité de le faire.

CHAPITRE XX

LES RELATIONS INTELLECTUELLES
PAR L'INTERMÉDIAIRE DES UNIVERSITÉS

L'amitié franco-australienne se développera principalement
dans l'avenir par l'accroissement des relations économiques
entre les deux pays, mais elle ne s'épanouira vraiment que si
d'étroites relations intellectuelles naissent également entre
les deux peuples. Nous avons beaucoup à apprendre des
Australiens, nation jeune, toute proche encore des expériences
d'une colonisation récente, et cependant déjà riche d'une série
d'expérimentations sociales qui ont éveillé dans le monde
un universel intérêt. Mais nous avons sans doute plus encore
à leur enseigner, nous qui vivons au foyer d'une traditionnelle et célèbre civilisation. Ils le savent, et si nous désirons
ne pas rester ignorants ce qu'ils font, eux de leur côté
souhaitent vivement, maintenant que la guerre et la victoire
ont fait de nous des amis pour toujours, fréquenter plus
assidûment nos universités et prendre davantage contact avec
cette atmosphère française dont le prestige s'exerce indéniablement sur eux.

Il faut donc que nos relations universitaires deviennent
plus étroites : le désir en existe de part et d'autre, et nous
serions impardonnables de ne pas seconder un mouvement
de rapprochement intellectuel qui naît d'une manifeste sympathie réciproque et qui peut être merveilleusement fécond
pour l'interpénétration de deux sociétés, diverses sans doute,
mais dévouées toutes deux au même idéal de liberté et de
progrès.

Avant la guerre, les relations entre les universités françaises et australiennes étaient demeurées relativement peu développées. Les étudiants australiens, très naturellement, se tournaient de préférence vers l'Angleterre, où les attirait la communauté des mœurs, de la langue, de la civilisation. Ils allaient aussi, en assez grand nombre, dans les universités allemandes, où leur étaient offerts des diplômes relativement faciles à acquérir, dans des conditions économiques de vie. Mais les circonstances ont singulièrement changé : le prestige, vraiment surfait, de la science et de la culture allemandes ne produit plus la même impression, et il faudra longtemps pour que l'Australie oublie certains procédés germaniques. Il est donc évident que les étudiants australiens ne retourneront pas volontiers, d'ici longtemps, en Allemagne. Bien que l'attraction britannique doive très naturellement demeurer la même et que l'attraction américaine tende considérablement à s'accroître, nous pouvons, nous devons espérer recueillir la plus grande part de cette ancienne clientèle des universités germaniques. Pourquoi même ne l'accroîtrions-nous pas? Dans cette brochure, nous avons à maintes reprises décrit la sympathie australienne vis-à-vis de nous. La culture française, bien que trop peu connue, bénéficie d'un beau prestige; on ignore largement le détail de nos travaux intellectuels, mais on en connaît la valeur, et chacun sait que l'atmosphère française est une atmosphère d'art, de fine culture, de haute civilisation. Nous voudrions qu'aucune éducation raffinée d'Australien ne fût considérée comme complète sans un stage plus ou moins long dans quelqu'un de nos établissements d'enseignement supérieur français.

Le principe ne sera sans doute contesté de personne. Mais ce beau programme ne deviendra une réalité que si les moyens matériels sont étudiés et préparés avec soin pour le permettre. Il en est de même de l'autre aspect du problème : l'étude de l'Australie par les Français, bien qu'à cet égard nous ayons vraiment l'impression que la France n'a pas négligé la question. Il serait injuste en effet de dire que la

France, durant le dernier quart de siècle, a ignoré l'Australie. Sans parler des nombreux commerçants français qui l'ont visitée ou s'y sont même installés, par exemple nos acheteurs de laine, nous ne voulons pas omettre de mentionner les précieux résultats qu'ont produits les bourses de voyage de la Fondation Kahn. Grâce à ces bourses, des jeunes professeurs de premier ordre ont visité la Commonwealth, l'ont étudiée avec les méthodes d'observation les plus sérieuses et l'ont fait connaître au public savant français dans quelques œuvres de haute tenue, dont plusieurs resteront. Les Australiens seraient eux-mêmes étonnés de voir à quel point leur législation sociale, leurs procédés de colonisation, leurs lois agraires ont attiré l'attention du public cultivé français. Mais la guerre forme un terrible hiatus dans toutes nos traditions, et si nous voulons que notre jeunesse intellectuelle et notre jeunesse commerciale continuent de connaître et d'étudier les grands Dominions anglo-saxons du Pacifique, il ne faut pas nous dissimuler que des mesures pratiques doivent être prises à cet effet.

Ces mesures pratiques, ce n'est pas ici le lieu de les étudier en détail, car elles sont du ressort des deux gouvernements, et ce ne serait peut-être pas faciliter la solution de problèmes, qui dès aujourd'hui se posent et devront être réglés demain, que de marcher sur les brisées des autorités compétentes pour les traiter. Nous nous bornerons à exposer un certain nombre de questions dont l'examen s'impose.

La première, qui est de beaucoup la plus importante, est celle de la venue des étudiants australiens dans nos universités. Ils y viendront en grand nombre, soit comme boursiers des universités australiennes ou de la Fondation Cecil Rhodes, soit comme boursiers de nouvelles fondations qui ne manqueront pas, croyons-nous, de se produire, car l'amitié franco-australienne les suscitera, soit enfin librement au moyen de leurs propres ressources. Ce seront en général des jeunes gens de plus de vingt-et-un ans, déjà munis de diplômes australiens. Les uns séjourneront deux ou trois ans et chercheront à obtenir nos diplômes français : ce seront les moins nombreux ; les autres passeront simplement un ou deux semestres et ne pourront naturellement prétendre aux mêmes résultats : mais ils solliciteront des certificats d'assiduité, et l'important sera qu'ils aient vécu, ne serait-ce que quelques semaines, dans l'atmosphère intellectuelle de notre pays. Nous croyons que la masse de ces étudiants se tournera vers nos facultés de lettres (les futurs professeurs de français tiendront certainement à y venir) ; mais nos facultés de sciences ne seront pas délaissées, surtout dans la mesure où la spécialisation de leurs études techniques attirera les jeunes gens se destinant à la pratique. Si nos facultés de droit ne semblent pas devoir convenir à des juristes anglo-saxons généralement pressés de pratiquer, nos facultés de médecine peuvent attirer des élèves déjà formés ailleurs et soucieux de se perfectionner dans la pratique d'une spécialité, au contact de quelque professeur connu. Quant à notre École des Beaux-Arts et à notre Conservatoire, ils doivent trouver en Australie une précieuse clientèle de disciples. La jeunesse australienne est très bien douée pour la peinture, pour l'architecture, pour la musique : nous pouvons juger, dans nos expositions, la valeur de tels peintres australiens ; les architectes australiens, comme les architectes américains, ne pourraient-ils pas venir travailler chez nous ?

Le désir de venir étudier en France ne manque pas chez les jeunes Australiens. Il importe de leur faciliter la pratique des études qu'ils viendront faire. Nul ne nous demande d'abaisser, pour attirer des étrangers amis, la valeur de nos diplômes. On nous demande surtout d'arrêter pour nos visiteurs des conditions de scolarité précises et de les faire connaître clairement et pratiquement. On ne nous demande pas non plus de conditions financières particulières, mais on souhaite que les formalités soient autant que possible simplifiées. On ne nous demande pas enfin de prendre en main les étudiants ou étudiantes, de les surveiller, d'en accepter la responsabilité. Les jeunes gens sauront se tirer eux-mêmes d'affaire.

Mais on aimerait pour les jeunes filles des cercles féminins bien organisés, de haute réputation morale, où leurs familles les sauraient en pleine sécurité. Des cercles du type de « Concordia » devraient être multipliés; ils répondent à un besoin réel, et le fait qu'on en connaîtrait l'existence serait de nature à attirer d'Australie un bien plus grand nombre de jeunes filles.

Quoi qu'il en soit, nos universités et notamment nos universités provinciales, de plus en plus spécialisées dans les branches correspondant au génie de chacune d'elles, peuvent trouver en Australie une clientèle nombreuse, intelligente, ardente au travail. C'est notre intérêt, comme celui de l'Australie, que ces relations naissent et se développent, et nous espérons que les initiatives individuelles s'associeront aux initiatives nécessaires des gouvernements pour y travailler.

Le mouvement des étudiants français vers l'Australie sera naturellement beaucoup moins accentué, pour des raisons qui sautent aux yeux, ce qui fait qu'il sera peut-être difficile d'organiser à proprement parler des « échanges d'étudiants ». Mais il est bon qu'on sache que la bonne volonté des universités australiennes est toute ouverte aux visiteurs français qui voudraient s'y instruire; elles ne demandent qu'à étudier la possibilité pour nos compatriotes d'user de leurs cours, de leurs bibliothèques, de leurs laboratoires. Le *Women's College* de l'Université de Sydney a même eu la charmante pensée d'offrir une bourse de résidence d'une année scolaire à une jeune fille française, munie d'un diplôme universitaire français, qui voudrait passer une année d'études en Australie....

Nous ne savons si les Français songeront à « étudier » en Australie. Nous sommes certains qu'ils voudront étudier l'Australie, dont la civilisation et la législation sociale ont toujours provoqué chez nous le plus vif intérêt. Si la France, surtout après ses terribles pertes d'hommes, n'est pas en mesure d'envoyer à l'étranger des colons, il faut néanmoins qu'elle demeure en contact avec toutes les parties du globe et notamment avec ces démocraties alliées dont le rôle dans l'évolution contemporaine est si grand. À ce sujet, nous souhaitons vivement que les bourses de voyage autour du monde, auxquelles nous faisions allusion plus haut, soient reprises tôt ou tard sous une forme quelconque : les jeunes gens qui en bénéficieront, s'ils sont bien choisis, peuvent être, entre l'Australie et la France, de précieux agents de liaison intellectuelle, et la répercussion de pareil contact ne peut manquer de se faire sentir dans le domaine économique et politique.

Mais nous ne nous dissimulons pas que ces boursiers, s'ils existent de nouveau, seront presque toujours choisis parmi les jeunes professeurs plutôt que parmi les étudiants — ce qui ne diminue du reste en rien l'intérêt de l'idée. Et nous sommes amenés à envisager ainsi une question, très séduisante, celle de l'échange des professeurs entre les deux pays. Pareils échanges ont lieu depuis plusieurs années entre la France et les États-Unis, entre la France et l'Angleterre : s'ils pouvaient être étendus aux colonies britanniques, le résultat en serait certes excellent. Mais la suggestion est encore bien neuve ; elle comporte des difficultés techniques considérables, surtout, lorsqu'il s'agit de l'Australie, en raison de la distance et de la différence des milieux. Il serait intéressant cependant de ne pas l'écarter de prime abord : si la périodicité de visites réciproques est difficile à organiser, des visites espacées, sans périodicité nécessaire, sont concevables et désirables. Il s'agirait peut-être moins d'enseigner pédagogiquement, pour ainsi dire, que de faire des cours ou des conférences sur des sujets déterminés et bien choisis, ou bien encore d'apporter, sur une question particulière, l'aide d'une connaissance spéciale ou d'une expérience technique. La question est forcément entre les mains des gouvernements et des universités elles-mêmes, et nous nous garderions bien de prétendre indiquer une solution. Mais nous avons cru cependant que le sujet devait être abordé, car il ne peut manquer d'intéresser tous ceux qui souhaitent voir l'amitié franco-australienne s'étendre jusqu'au domaine de la science et des idées.

Nous n'avons fait qu'effleurer cette question immense des relations intellectuelles et nous savons bien que, dans les brèves limites d'une brochure, consacrée du reste essentiellement aux problèmes économiques, il est impossible de la traiter à fond. Mais nous trouvons, de part et d'autre, une bonne volonté si certaine que la réalisation d'un programme d'interpénétration mutuelle nous paraît avoir toutes les chances de succès. A côté des gouvernements et des universités elles-mêmes, les initiatives individuelles seront évidemment nombreuses et actives; les institutions de propagande désintéressée continueront et développeront encore l'œuvre qu'elles ont si bien commencée (nous nous en voudrions de ne pas faire allusion ici à l'œuvre si brillante accomplie en Australie par nos groupes d'Alliance française). La guerre a créé des conditions si favorables pour notre action en Australie que jamais, soyons-en sûrs, nous n'en retrouverons de pareilles. Saisissons donc une occasion unique, prenons les mains amies qui se tendent vers nous, et faisons tout ce qui sera en notre pouvoir pour perpétuer sur des bases solides et durables l'amitié franco-australienne.

ANNEXES

I

DÉTAIL DES VENTES DE LA FRANCE EN AUSTRALIE
en 1913 et en 1916-17.

	VALEUR £	
	1913	1916-17
CLASSE I.		
Aliments d'origine animale.		
Fromage	216	80
Poisson en conserve dans des boîtes en fer blanc	1 960	1 487
Viandes mises en pots	535	418
Autres aliments d'origine animale . . .	382	39
Total	3 093	2 024
CLASSE II.		
Aliments d'origine végétale.		
Confiserie	4 498	2 192
Fruits secs	5 343	1 067
Fruits et légumes conservés et en pulpe .	4 561	721
Aliments pour malades et enfants . . .	1 411	1 195
Réglisse	2 609	1 437
Macaroni et vermicelle	494	124
Noix comestibles	6 479	1 230
Conserves au vinaigre, sauces	592	168
Autres aliments d'origine végétale . .	2 093	2 555
Total	27 880	10 689
CLASSE III.		
Boissons (non alcooliques) et substances pour usage dans la fabrication des boissons.		
Eaux minérales et gazeuses	1 458	»
Autres boissons non alcooliques	114	46
Total	1 572	46

	VALEUR $\pounds$	
	1913	1916-17
CLASSE IV.		
Vins et liqueurs alcooliques.		
Cognacs :		
En bouteille	125 784	47 773
En fûts.	65 768	88 105
Rhum	1 049	132
Vins fermentés :		
mousseux	129 874	38 817
autres	9 091	3 789
Essences, infusions	1 524	952
Parfums et « Bay Rum »	16 807	18 002
Autres vins, etc.	41 837	7 711
Total	361 734	205 261
CLASSE V.		
Tabac et sous-produits.	1 485	504
CLASSE VII.		
Substances animales (non manufacturées) non alimentaires.		
Gélatines, colles et ciments.	16 191	5 570
Cheveux naturels.	789	»
Peaux de vache	162	»
Autres substances animales	364	39
Total.	17 506	5 609
CLASSE VIII.		
Substances végétales et fibres.		
Liège et bouchons.	2 431	323
Plantes, arbres et bulbes.	613	218
Résine.	27 185	4 729
Graines	6 477	4 987
Autres substances végétales	2 778	3 363
Total.	39 484	13 620
CLASSE IX.		
Parures, textiles et fibres manufacturés.		
Parures :		
Habillements.	55 709	20 492
A reporter. . .	55 709	20 492

	VALEUR £	
	1913	1916-17
Report	55 709	20 492
Habillements d'hommes et d'enfants.	»	274
Chemises, cols et cravates	»	1 107
Blouses, jupes, etc.	»	5 240
Boutons, boucles, etc.	»	14 253
Accessoires, bottines et souliers	6 133	2 274
— , corsets	2 916	423
Plumes préparées	52 340	14 801
Gants	58 306	86 453
Cheveux	8 780	5 125
Chapeaux et bonnets	12 141	4 094
Accessoires	2 551	»
Passementerie	110 624	129 024
Autres articles de parure	5 196	8 198
Textiles :		
Couvertures	1 480	5 537
Coussins, couvre-pieds	5 988	3 126
Tissus en pièce :		
Tissus de coton et toile de lin	47 158	16 824
Flanelle	07	2 470
Soie ou contenant de la soie	279 790	320 720
Velours, velveteens, peluche, etc.	107 219	159 518
Laines :		
Flanelles	5 929	2
Autres laines	194 621	8 675
Tapis, couvertures de voyage et « lap dusters »	1 800	4 675
Autres textiles	10 577	9 052
Fibres manufacturées, cordages, etc.	60	94
Total	960 479	796 051
CLASSE X.		
Huiles, graisses et cires	21 054	12 757
CLASSE XI.		
Peintures et vernis	3 902	2 880
CLASSE XII.		
Pierres et minerais employés dans l'industrie	19 962	1 255

	VALEUR £	
	1913	**1916-17**
CLASSES XIV ET XV.		
Métaux fabriqués et mi-fabriqués . . .	3 674	2 725
CLASSE XVI.		
Machines et autres fabrications de métaux.		
Machines :		
Locomotives.	1 356	502
Électriques.	3 112	224
Moteurs (sauf moteurs électriques).	4 985	672
Machines à coudre.	37	1
Machines-outils.	3 325	507
Autres machines.	7 808	4 239
Métal, fabrication de boulons et écrous.	1 905	102
Tôles de fer et d'acier, etc..	1 222	»
Lampes et articles d'éclairage	1 084	335
Autres.	19 879	14 681
Total	44 713	21 263
CLASSE XVII.		
Caoutchouc, cuir et sous-produits.		
Tuyaux et autres produits de caoutchouc.	53 182	16 017
Cuir	14 581	3 652
Produits de cuir manufacturés.	983	559
Total	68 746	20 228
CLASSE XVIII.		
Bois et osier, brut et manufacturé . . .	4 582	2 248
CLASSE XIX.		
Faïences, ciment, porcelaines, verres et pierres.		
Verre et verrerie.	8 923	4 117
Tuiles	16 273	2 516
Faïence, ciments, etc.	6 640	1 591
Fabrications de terre réfractaire. . . .	8 668	»
Total	40 504	8 024

	VALEUR £	
	1913	**1916-17**
CLASSE XX. *Papier et papeterie.*		
Papier.	7 558	4 984
Papeterie :		
Livres, musique imprimée, journaux, etc.	1 588	800
Autres papeteries.	12 784	19 690
Total	21 930	25 474
CLASSE XXI. *Bijouterie, montres et articles de fantaisie.*		
Articles de fantaisie	15 793	33 485
Bijouterie et pierres précieuses	12 771	13 682
Montres	4 535	2 324
Pipes, porte-cigarettes, etc.	52 331	40 928
Total	85 430	90 419
CLASSE XXII. *Instruments d'optique, de chirurgie et scientifiques.*		
Jumelles marines.	5 809	576
Lanternes magiques et cinématographes.	39 110	463
Pellicules pour photographie.	»	3 642
Gramophones	806	819
Télescopes, microscopes et lunettes . .	7 263	6 039
Autres instruments.	2 580	1 849
Total	55 568	13 388
CLASSE XXIII. *Drogues, produits chimiques, engrais.*		
Produits pharmaceutiques :		
Crème de tartre	161 378	140 056
Médicaments.	2 804	5 818
Acides :		
Acide tartrique.	14 203	2 741
Autres.	5 331	80
A reporter. . .	181 716	148 695

	VALEUR £	
	1913	**1916-17**
Report	181 716	148 695
Huiles essentielles	4 052	7 613
Parfumerie.	28 778	36 991
Autres drogues et produits chimiques	12 371	14 728
Total	226 917	208 027
Divers.		
Brosses	9 127	6 279
Matériel électrique.	1 742	965
Instruments de musique.	6 434	9 836
Produits divers pour marchands de couleurs.	238	26
Savons.	5 610	4 301
Véhicules :		
Châssis et accessoires	160 169	15 877
Autres véhicules et accessoires. . . .	6 827	2 027
Tous autres articles	22 271	10 770
Total	212 418	50 081
Total des ventes de la France	2 222 631	1 492 553

II

DÉTAIL DES VENTES DE L'ALLEMAGNE EN AUSTRALIE
en 1913.

	VALEUR £
Classe I.	
Aliments d'origine animale.	
Fromage	1 446
Poisson :	
Poisson en conserves, dans des boîtes en fer blanc, etc.	2 652
Autres poissons	1 327
Viandes, volailles et gibiers conservés dans des boîtès en fer blanc	909
Autres	4 814
Lait et crème	46
Autres aliments d'origine animale	877
Total	12 071
Classe II.	
Aliments d'origine végétale.	
Caramel, pâte de caramel, etc.	2 681
Confiserie	11 984
Fruits et légumes, conservés en liquide, partiellement conservés ou en pulpe	862
Grains et légumes	2 431
Houblons	16 151
Noix comestibles	1 017
Graines diverses, chanvre et colza	350
Sucre, glucose	2 619
Autres aliments d'origine végétale	11 674
Total	49 769

	VALEUR £
Classe III.	
Boissons (non alcooliques) et produits pour les fabriquer.	
Eaux minérales et gazeuses.	8 348
Cacao et chocolat, y compris les noix de coco.	4 168
Autres boissons.	130
Total	12 646
Classe IV.	
Boissons et liqueurs alcooliques, y compris les alcools industriels et les produits pharmaceutiques, taxables comme alcools.	
Ale, porter et autres bières.	133 446
Vins fermentés, mousseux.	6 456
Autres	1 782
Parfums et Bay Rum	24 204
Autres alcools	5 167
Total	171 055
Classe V.	
Tabacs et sous-produits.	
Tabac, manufacturé ou non.	1 301
Cigares.	15 805
Cigarettes	102
Total	17 208
Classe VI.	
Animaux vivants	570
Classe VII.	
Substances animales non manufacturées, ne servant pas d'alimentation.	
Colles, gélatines et ciments.	4 907
Cuirs et peaux	1 542
Filés (yarns)	556
Autres substances animales.	2 525
Total	9 530

	VALEUR £
Classe VIII.	
Substances végétales et fibres.	
Bouchons et liège fabriqué	2 579
Fibres :	
« Bass »	1 016
Autres	2 542
Pailles pour la fabrication des chapeaux	»
Graines (autres que celles spécifiées dans la classe II).	14 069
Amidon.	451
Filés	13 051
Autres substances végétales.	3 639
Total	37 347
Classe IX.	
Habillements, textiles et fibres manufacturées.	
Habillements :	
Bottines et souliers.	14 036
Accessoires.	8 109
Corsets	4 168
Gants.	167 577
Chapeaux et bonnets	6 797
Accessoires.	29 090
Bas et chaussettes.	233 650
Garnitures, manteaux, robes, etc.	95 081
Accessoires pour habillements.	116 834
Toutes autres parures.	361 825
Textiles (sacs et cordages non compris) :	
Couvertures.	2 163
Tapis et tapisseries	4 317
Coussins de dessus de cheminées et housses pour	
meubles, etc	55 500
Rideaux.	10 281
Toiles pour planchers.	6 256
Tissus en pièce :	
Coton et toiles de lin.	142 205
Flanelle de coton.	6 290
Soie, ou contenant de la soie	85 321
Velours, velveteens, etc.	220 748
Lainages	91 270
Soie à coudre, fil, coton à crochet, etc.	2 995
Autres textiles	30 649
Fibres manufacturées et cordage	7 183
Total	1 702 145

	VALEUR £
CLASSE X.	
Huiles, graisses, cire	12 305
CLASSE XI.	
Peintures et vernis.	21 882
CLASSE XII.	
Pierres et autres minéraux employés dans l'industrie.	
Coke	26 929
Autres pierres, minéraux, etc.	5 536
Total	32 465
CLASSE XIII.	
Espèces.	»
CLASSE XIV.	
Métaux non manufacturés, minerais.	
Fonte.	2 121
Tous autres métaux et minerais non manufacturés .	5 124
Total	7 245
CLASSE XV.	
Métaux, partiellement manufacturés.	
Cuivre jaune, barres, lingots, rognures (strips) . . .	737
Cuivre, barres, rognures	2 521
Fer et acier :	
Barres, sceptres de fer, etc..	218 476
Cercles.	35 590
Lingots, billettes, etc.	23 427
Zinc, barres.	11 140
Autres métaux.	3 336
Total	295 227
CLASSE XVI.	
Machines et autres métaux manufacturés.	
Machines :	
Écrémeuses.	4 739
Locomotives	15 033
A reporter.	19 772

	VALEUR £
Report.	19 772
Machines agricoles	2 565
Électriques	8 888
Pour mines	9 094
Moteurs	30 992
Machines à imprimer	10 361
Machines à coudre	60 737
Autres	186 323
Machines-outils	10 933
Autres manufactures de métaux.	
Essieux et ressorts	25 984
Boulons et écrous	5 530
Cuivre (brass) :	
Tubes, tuyaux	4 765
Tôles et plaques	4 732
Cuivre (copper) :	
Tubes, tuyaux	8 328
Tôles et plaques	9 983
Coutellerie non dénommée	30 577
Appareils électriques et à gaz	76 133
Fer et acier :	
Poutres et poutrelles, etc.	36 304
Plaques :	
Ordinaires	93 198
Autres	944
Lampes et articles d'éclairage	40 848
Manchons incandescents	11 475
Feuilles	28 983
Grillages	112 747
Clous :	
Fer à cheval	326
Non autrement dénommés	6 232
Tubes et tuyaux de fer et d'acier	88 605
Matériel d'imprimeurs	1 028
Rails	56 717
Téléphones	7 244
Outils	38 135
Fils métalliques :	
Fils barbelés	10 325
Fils de cuivre	19 435
A reporter.	1 158 043

	VALEUR £
Report	1 158 043
Fer et acier	326 866
Non compris ailleurs	17 020
Zinc :	
Cercles, lingots	1 708
Tôles	28 252
Autres produits manufacturés	203 583
Total	1 735 452

Classe XVII.
Caoutchouc, cuirs bruts ou manufacturés.

Bottines et souliers	»
Tissus caoutchoutés	505
Articles en caoutchouc	258 841
Courroies de transmission :	
Caoutchouc et autres compositions	1 323
Cuir	1 302
Cuir :	
Non dénommé	81 189
Produits manufacturés	3 936
Accessoires pour harnais, etc.	454
Total	347 550

Classe XVIII.
Bois et osier, bruts et manufacturés.

Mobilier et accessoires	17 726
Bois de construction et produits manufacturés en bois et osier	48 118
Total	65 844

Classe XIX.
Faïence, ciment, porcelaine, verre.

Ciment de Portland	159 969
Porcelaine et articles en porcelaine	72 711
Faïence, grès	26 605
Fibro-ciment :	
Filtres	4 100
Produits en terre réfractaire	13 784
A reporter	277 169

	VALEUR £
Report.	277 169
Verre :	
Plaques polies	15 494
Carreaux	16 329
Autres	5 241
Verres, lentilles.	2 566
Verrerie non dénommée	113 187
Plâtre de Paris	19 342
Tuiles, ardoises pour toitures.	5 963
Autres faïences.	2 716
Total	458 007

Classe XX
Papier et papeterie.

	VALEUR £
Papier :	
Sacs	103
Cartonnage.	4 700
Papier d'emballage	29 877
— etc.	6 887
Milboard, Greyboard	12 148
— papiers muraux.	2 847
Papier pour imprimerie.	48 989
— Strawboard	3 453
Papier à écrire	11 632
Autres papiers	62 494
Papeterie :	
Livres.	9 968
Tableaux.	7 302
Autres	66 083
Total	266 483

Classe XXI.
Bijouterie, pendules et articles de fantaisie.

	VALEUR £
Articles de fantaisie	138 032
Bijouterie et imitation	65 601
Camées et pierres précieuses non montées	14 645
Montres :	
Pendules et accessoires.	18 926
Montres et accessoires, podomètres.	5 660
Pipes, porte-cigares et porte-cigarettes, étuis	7 972
Total	250 846

	VALEUR £
CLASSE XXII.	
Instruments d'optique, chirurgicaux et scientifiques.	
Appareils photographiques, lanternes magiques, phonographes, etc...	50 457
Compas, baromètres, télescopes, etc.	23 129
Instruments chirurgicaux et scientifiques.	40 732
Total	114 318
CLASSE XXIII.	
Drogues, produits chimiques, engrais.	
Produits pharmaceutiques :	
Crème de tartre.	18 714
Insecticides.	12 649
Médicaments.	8 757
Huiles essentielles.	9 981
Autres drogues.	71 044
Produits chimiques employés dans l'industrie.	
Acides :	
Tartrique.	16 893
Autres	8 450
Carbure de calcium.	5 133
Teintures.	21 013
Parfumerie.	12 402
Potasse, etc.	1 338
Cyanure de potasse.	16 956
Tous autres produits chimiques.	11 935
Engrais.	51 546
Total	266 811
CLASSE XXIV.	
Divers.	
Armes :	
Fusils.	2 281
Autres	1 569
Munitions.	7 479
Explosifs :	
Dynamite, gélignite, etc.	85 584
Autres	3 009
A reporter	99 922

	VALEUR L
Report	99 922
Sacs, paniers, etc.	160 369
Accessoires pour sacs, etc.	14 387
Cirage	645
Brosserie, etc.	25 524
Peignes.	12 842
Bougies, etc.	465
Matériel électrique.	43 195
Lampes à arc.	16 684
Fils et câbles recouverts.	56 450
Instruments de musique :	
De musique militaire.	9 597
Pianos	309 224
Accessoires pour pianos.	255
Autres	41 181
Allumettes et boîtes en grosses « Vestas ».	765
Articles divers pour marchands de couleurs.	13 636
Effets personnels.	4 467
Goudrons.	5 230
Savons	8 252
Véhicules :	
Bicyclettes et accessoires.	7 067
Moteurs et accessoires	75 340
Autres véhicules et accessoires	141 648
Bateaux venant de l'étranger	47 291
Tous autres articles.	48 119
Total	1 142 555
Total des ventes de l'Allemagne.	7 029 331

III

DÉTAIL DES VENTES DES ÉTATS-UNIS EN AUSTRALIE
en 1913 et en 1916-17.

	VALEUR £	
	1913	1916-17
Classe I. *Aliments d'origine animale.*		
Poisson :		
Conservé en boîtes de fer-blanc....	195 325	247 387
Autres poissons	6 090	16 375
Viandes, volaille et gibier :		
Lard et jambon	871	153
En terrine ou concentré	4 899	5 953
Conservé en boîtes de fer-blanc . .	993	3 040
Boyaux pour saucisses.	79 830	62 041
Autres viandes.	421	543
Lait condensé	3	3 617
Autres aliments d'origine animale. . .	797	5 399
Total.	289 229	344 306
Classe II. *Aliments d'origine végétale et sel.*		
Confiserie, chocolat	»	20 796
Autres.	29 789	28 171
Fruits secs :		
Raisins	216	280
Autres.	28 557	31 338
Fruits frais :		
Pommes.	67 909	45 163
Citrons.	1 614	16 959
Autres	2 341	»
Fruits conservés.	17 415	26 616
Grains, légumes, céréales non préparées :		
Orge.	5 898	»
Autres.	890	253
Céréales préparées :		
Blé, farine et maïs.	6 659	2 060
A reporter	161 268	174 636

	VALEUR £	
	1913	**1916-17**
Report	161 268	171 636
Farines	9	61
Farine d'avoine, farine brute, etc.	2 679	4 821
Autres, préparées	2 195	1 200
Légumes, haricots et pois	577	596
Houblon	42 952	20 690
Aliments pour malades et enfants . . .	3 614	28 418
Conserves au vinaigre et sauces	4 332	2 667
Sucre :		
Glucose	46 822	2 356
Autres sucres, sirops, etc.	269	1 049
Autres aliments d'origine végétale. . .	4 878	47 471
Total	269 595	280 965

Classe III.

Boissons (non alcooliques) et substances utilisées dans la fabrication des boissons.

	1913	**1916-17**
Cacao et chocolat	1 007	7 281
Café et chicorée.	1 420	1 638
Autres boissons, etc.	1 660	411
Total	4 087	9 330

Classe IV.

Spiritueux, alcools et liqueurs, etc.

	1913	**1916-17**
Ale et bière	251	15
Spiritueux.	1 931	23 574
Autres spiritueux :		
Essences, extraits, etc.	16 976	17 033
Parfums, etc.	2 532	5 813
Tous autres spiritueux.	»	523
Vins.	643	1 060
Total	22 313	47 818

Classe V.

Tabac et sous-produits.

	1913	**1916-17**
Tabac :		
Préparé	132 491	117 053
Brut.	664 535	750 712
A reporter	797 026	867 765

	VALEUR £	
	1913	**1916-17**
Report	797 026	867 765
Cigares	824	2 130
Cigarettes	4 560	972
Tabac à priser	»	1
Total	802 410	870 868
Classe VI.		
Animaux vivants	4 790	1 904
Classe VII.		
Substances d'origine animale non manu- *facturées (aliments non compris).*		
Colle, gélatine et ciments	6 418	10 704
Autres substances animales	5 434	83
Total	9 852	10 787
Classe VIII.		
Substances végétales et fibres.		
Liège, produits de liège	11 864	3 707
Fibres	184	1 616
Résine	70 865	74 802
Graines	3 898	8 538
Autres substances végétales	6 600	8 505
Total	93 411	97 168
Classe IX.		
Habillement, textiles, fibres manu- *facturées.*		
Vêtements :		
Blouses, jupes, etc.	»	8 727
Bottines et souliers :		
Caoutchouc	4 816	3 514
Souliers de plage	42 432	12 199
Non mentionnés ailleurs	74 597	120 141
Accessoires	14 061	»
Boutons, boucles, etc.	»	33 026
Corsets	115 771	135 445
Gants	3 779	31 000
Chapeaux et bonnets	9 608	27 997
A reporter	265 064	372 049

	VALEUR £	
	1913	1916-17
Report	265 064	372 049
Habillements pour hommes et enfants	»	10 093
Chemises, cols et cravates	»	19 484
Bas et chaussettes	13 179	355 280
Autres parures	77 460	176 671
Accessoires pour vêtements	15 630	»
Textiles (sacs et cordages non compris) :		
Couvertures	403	39 015
Tapis et tapisseries	1 536	5 082
Cosies, coussins, etc.	1 471	2 209
Rideaux, etc.	259	443
Linoléum et couvertures	322	2 214
Tissus en pièce :		
Toiles et « Duck »	24 292	94 642
Coton et toile de fil	142 291	333 863
Autres	34 582	176 153
Soie à coudre, coton, etc.	31 096	62 278
Autres textiles	6 678	40 219
Fibres manufacturées :		
Sacs	1	208
Cordages et ficelles en métal	2 728	5 966
Autres cordages et manufactures, etc.	7 690	7 612
Total	624 682	1 703 481

Classe X.

Huiles, graisses et cires.

	1913	1916-17
Graisses pour voitures, etc.	17 184	16 033
Lard et graisse fine d'animal	9 286	1 261
Naphta-Wood	21	2 857
Huiles en bouteilles	2 146	2 934
Huiles en fûts :		
Benzine et gazoline	258 134	780 059
Graines de coton	8 489	8 331
Pétrole	502 186	615 973
Huile pour moteurs	183 179	332 959
Minérales « Pentane », pétrole, succédanés de la térébenthine et tout pétrole à moins de 790, non compris ailleurs	14 462	21 312
« Solar et Residual »	3 624	2 451
A reporter	998 711	1 784 170

	VALEUR £	
	1913	**1916-17**
Report.	998 711	1 784 170
Térébenthine	50 637	94 327
Suif, non raffiné.	324	62
Cire :		
Paraffine.	19 062	39 694
Autres.	4 706	3 799
Autres huiles, graisses, etc.	5 628	20 135
Total.	1 079 068	1 942 187

Classe XI.

Peintures et vernis.	80 986	134 804

Classe XII.

Pierres et minerais utilisés dans l'industrie.

Lithographiques, « Oil, whet Stones ».	16 656	16 343
Ardoises pour toitures.	2 005	»
Autres pierres pour usage industriel. .	5 789	6 921
Total	24 450	23 264

Classe XIII.

Argent monnayé.	»	1 145

Classe XIV.

Métaux non manufacturés et minerais.

Fer, fontes.	24 638	674
Métaux divers :		
Aluminium, bronze, etc.	934	45 280
Autres métaux, non manufacturés . . .	1 593	6 128
Total	27 165	52 082

Classe XV.

Métaux, partiellement manufacturés.

Cuivre, barres, strips, ferraille et tôles.	322	810
Fer et acier.	81 609	500 753
Autres.	45	952
Total	81 976	502 515

	VALEUR £	
	1913	**1916-17**
CLASSE XVI. *Machines et autres manufactures de métaux.*		
Machines :		
Machines à compter, etc.	82 158	48 590
Locomotives :		
Gaz et huile	37 833	54 380
Autres	57 617	45 259
Machines agricoles	46 608	35 646
Écrémeuses	2 737	2 351
Moissonneuses	11 816	49 933
Moissonneuses-lieuses	61 248	72 396
Autres	80 351	77 805
Machines électriques et accessoires	202 405	300 441
Machines pour mines	65 070	56 444
Machines-outils	55 407	86 566
Machines à imprimer, etc.	87 173	38 792
Machines à coudre, à piquer, à crochet	122 775	119 845
Machines à écrire	91 492	93 245
Autres machines, etc.	430 213	587 514
Métal (manufactures de) :		
Essieux et ressorts	14 593	10 302
Boulons et écrous	13 165	57 161
Coutellerie	12 801	35 200
Machines et autres manufactures de métal.		
Métal (manufactures de) :		
Accessoires pour électricité et gaz	58 542	149 558
Fer et acier :		
Poutres et poutrelles	44 697	130 432
Tôles et plaques :		
Tôles ondulées et galvanisées	44 266	52 113
Tôles galvanisées non ondulées et ondulées non galvanisées	31 428	27 769
Tôles unies, non galvanisées	69 801	177 662
Lampes et articles d'éclairage	47 037	58 465
Clous	8 792	37 367
Grillage métallique	176	176
Tuyaux ou tubes (fer et acier)	168 587	119 978
A reporter	1 948 788	2 525 070

	VALEUR £	
	1913	**1916-17**
Report	1 948 788	2 525 070
Rails, etc.	168 030	48 931
Téléphones (interrupteurs).	47 226	17 219
Plaques en étain.	»	193 333
Outils	293 024	254 568
Fils métalliques :		
Fils barbelés.	17 057	8 476
Fer et acier	218 731	227 658
Autres.	10 034	25 637
Autres manufactures de métal	375 720	572 030
Total	3 078 610	3 872 922
Classe XVII.		
Caoutchouc, cuir et sous-produits.		
Bottines et souliers en caoutchouc. . .	125 539	417 212
Cuirs :		
Courroies de transmission.	19 685	12 990
Cuir.	276 975	531 794
Fabrications diverses.	10 005	16 592
Accessoires pour harnais, etc.	2 867	»
Total	435 071	978 588
Classe XVIII.		
Bois et osier, brut et manufacturé.		
Bois pour meubles et accessoires . . .	113 332	32 018
Bois de construction :		
Non compris ailleurs. . . , ...	19 658	8 023
Lattes.	37 962	9 230
Douves.	9 537	2 843
Non préparé	1 418 760	680 077
Autres.	25 755	25 045
Haches.	42 648	31 505
Autres, bois et osier.	63 145	52 215
Total	1 730 817	840 956
Classe XIX.		
Faïence, ciment, porcelaine, verre et grès.		
Verres.	798	182 214
Verreries	32 848	48 531
A reporter	33 646	230 745

	VALEUR £	
	1913	**1916-17**
Report	33 646	230 745
Plâtre de Paris et autres préparations similaires	17 162	2 228
Tuiles	3 976	495
Autres faïences, etc.	9 698	15 330
Total	64 482	248 796
CLASSE XX.		
Papier et papeterie.		
Prospectus et réclames	18 262	43 901
Sacs	7 745	9 671
Papier buvard et cartridges	2 727	4 295
Papiers muraux	4 857	2 947
Papier pour imprimerie	175 762	308 865
Autres	75 326	312 042
Papeterie :		
Livres, musique	61 799	60 727
Tableaux	5 821	4 604
Autres	51 380	98 730
Total	403 679	845 780
CLASSE XXI.		
Bijouterie, montres et articles de fantaisie.		
Articles de fantaisie	38 416	65 365
Bijouterie, imitation et pierres précieuses	8 328	48 812
Pendules et accessoires	55 495	45 509
Montres et accessoires, podomètres	34 726	35 692
Total	156 965	195 378
CLASSE XXII.		
Instruments d'optique, de chirurgie et scientifiques.		
Appareils photographiques, lanternes magiques, phonographes, etc.	158 284	337 352
Lunettes et cadres	7 427	17 845
Instruments de chirurgie et dentaires	64 887	62 458
Autres instruments d'optique et scientifiques	3 874	5 337
Total	234 472	422 892

	VALEUR £	
	1913	**1916-17**
CLASSE XXIII.		
Drogues, produits chimiques et engrais.		
Cyanure de potassium, sels de bromure.	4 437	13 581
Carbure de calcium	5 307	1 770
Teintures	829	10 027
Engrais	410	12
Désinfectants, insecticides.	7 616	14 556
Médicaments.	97 434	145 237
Huiles essentielles (non alcoolisées) .	5 621	7 680
Parfumerie.	32 831	68 405
Bicarbonate et carbonate de soude. . .	128	60
Autres drogues et produits chimiques.	23 888	209 947
Total	178 501	471 255
CLASSE XXIV.		
Divers.		
Armes.	49 821	31 658
Munitions et explosifs	51 953	109 289
Cirages et préparations.	10 468	13 923
Brosses	12 381	28 445
Bougies, queues de rat, veilleuses, réchauds à alcool solidifié	470	640
Matériel électrique.	31 788	74 709
Instruments de musique :		
Pianos.	26 051	163 814
Autres accessoires.	33 388	46 279
Fournitures pour marchands de couleurs.	24 720	19 818
Savon	65 221	26 027
Véhicules :		
Bicyclettes, tricycles, etc. et accessoires	28 848	62 822
Moteurs et accessoires.	436 314	1 088 679
Autres véhicules et accessoires. . . .	130 322	151 485
Accessoires pour véhicules.	3 908	»
Autres articles.	328 409	161 261
Total	1 232 042	1 978 849
Total des ventes des États-Unis. .	10 908 653	15 876 010

IV

DÉTAIL DES VENTES DU JAPON EN AUSTRALIE
en 1913 et en 1916-17.

	VALEUR £	
	1913	**1916-17**
CLASSE I.		
Aliments d'origine animale, non compris les animaux vivants.		
Poisson.	5 717	11 617
Colle de poisson.	1 059	4 190
Autres aliments d'origine animale . . .	232	455
Total.	6 988	16 262
CLASSE II.		
Aliments d'origine végétale et sel.		
Fruits.	903	1 685
Gingembre.	345	2 136
Céréales :		
Non préparées.	1 100	695
Préparées	»	»
Riz.	174	2 114
Non compris ailleurs.	1 550	1 956
Autres.	349	175
Haricots et pois	122	2 515
Noix comestibles.	715	1 348
Conserves au vinaigre et sauces . . .	581	467
Graines de canari, chènevis et colza . .	6 170	5 246
Épices.	4 897	8 695
Légumes :		
Secs ou concentrés	763	648
Oignons.	8 503	52
Autres.	5	13
Autres aliments d'origine végétale. . .	1 255	128 514
Total.	27 452	156 259

	VALEUR £	
	1913	**1916-17**
CLASSE III.		
Boissons non alcooliques et sous-produits.	5 491	3 784
CLASSE IV.		
Vins, liqueurs alcooliques	1 755	2 074
CLASSE V.		
Tabac et sous-produits.	81	201
CLASSE VI.		
Animaux vivants.	43	»
CLASSE VIII.		
Substances végétales et fibres.		
Déchets de coton.	6 314	22 046
Paille végétale pour chapeaux	»	35 905
Graine de lin.	3 286	2 358
Autres substances végétales	5 141	12 179
Total.	12 741	72 488
CLASSE IX.		
Habillements, textiles et fibres manufacturées.		
Habillement :		
Bottines et souliers	928	18 126
Chapeaux et bonnets.	16 587	105 223
Accessoires	37 034	»
Autres parures.	74 492	391 362
Accessoires pour habillement	21 274	»
Textiles (sacs et cordages non compris) :		
Tapis et carpettes.	7 726	35 728
Coussins, housses pour meubles, dessus de cheminées; etc.	56 592	99 226
Toile pour parquet, etc.	6 985	856
Tissus en pièce :		
Tissus de coton et toile de lin. . . .	49 598	165 413
Soie, ou contenant de la soie.	200 757	601 725
Couvertures de voyage, pare-poussière.	19	1 015
Autres textiles.	2 811	183 514
Fibres manufacturées	1 151	10 034
Total.	475 954	1 612 222

	VALEUR £	
	1913	1916-17
CLASSE X. *Huiles, graisses et cire.*		
Huiles (en fûts)	51 624	80 217
Cire japonaise ou végétale.	805	1 327
Autres huiles, etc.	9 954	1 283
Total.	62 383	82 827
CLASSES XIV A XVI. *Métaux manufacturés et non manufacturés.*		
Cuivre en plaques ou en feuilles. . . .	»	6 363
Coutellerie.	»	6 808
Matériel électrique. . . , ...	»	37 130
Lampes et articles d'éclairage.	7 601	14 038
Manchons incandescents.	»	7 046
Clous, pointes, etc.	»	9 939
Autres.	»	113 430
Total.	7 601	194 754
CLASSE XVII.		
Caoutchouc, cuir et sous-produits . . .	692	16 243
CLASSE XVIII. *Bois et osier, brut et manufacturé.*		
Meubles	15 097	11 722
Bûches et planches, bois de construction brut.	72 095	114 512
Osier, bambou et canne	10 615	11 042
Autres bois de construction, etc., bois manufacturés	7 431	44 736
Total.	105 238	182 012
CLASSE XIX. *Faïence, ciment, porcelaine, verre et pierre.*		
Ciment de Portland	101	1 082
Porcelaine « Parian », parquets en mosaïque.	9 901	90 866
Faïence, Brownware et grès, non compris ailleurs	3 226	34 207
Pierres et pierreries.	8 265	136 413
Autres faïences, etc.	»	488
Total.	21 493	263 056

	VALEUR £	
	1913	1916-17
CLASSE XX. *Papier et papeterie.*		
Papier.	3 632	27 410
Papeterie	7 024	25 270
Total. . .	10 656	52 680
CLASSE XXI. *Bijouterie, montres, articles de fantaisie.*		
Articles de fantaisie.	13 975	114 266
Bijouterie et pierres précieuses.	602	2 396
Montres, etc.	214	2 087
Pipes	4 401	9 909
Total.	19 192	128 658
CLASSE XXII.		
Instruments d'optique, de chirurgie et scientifiques	223	12 101
CLASSE XXIII. *Drogues, produits chimiques, engrais.*		
Médicaments.	513	2 593
Huiles essentielles.	1 207	2 518
Produits pharmaceutiques en usage dans l'industrie :		
Soufre.	80 613	300 111
Parfumerie	263	293
Engrais	43 505	61
Autres drogues et produits pharmaceutiques.	3 087	60 829
Total.	129 188	366 405
Divers.		
Sacs, malles, etc., avec accessoires. . .	55 590	74 152
Brosses	18 377	55 173
Allumettes et « Vestas »	370	21 243
Autres articles en trop petites quantités pour être énumérées.	8 812	61 108
Total.	63 149	211 656
Total des ventes du Japon	950 300	3 373 684

TABLE DES MATIÈRES

TROISIÈME PARTIE

LES RELATIONS FRANCO-AUSTRALIENNES.
DIVERSES MESURES SUSCEPTIBLES DE LES RENDRE PLUS ÉTROITES.

ANNEXES :